教育部全国教育普法领导小组办公室审定
本成果荣获第三届全国教育改革创新特别奖

U0733665

中小学多学科协同实施法治教育教学指导用书

高中语文 历史 地理

中小学学科教学渗透法治教育课题组 | 编写

中国民主法制出版社

2017年·北京

图书在版编目（CIP）数据

中小学多学科协同实施法治教育教学指导用书．高中
语文、历史、地理／中小学学科教学渗透法治教育课题
组编写．—北京：中国民主法制出版社，2017.3
　　ISBN 978－7－5162－1470－1

　　Ⅰ.①中… Ⅱ.①中… Ⅲ.①社会主义法制－法制教
育－高中－教学参考资料 Ⅳ.①G633.263

　　中国版本图书馆 CIP 数据核字（2017）第 037418 号

图书出品人： 刘海涛
出 版 统 筹： 乔先彪
责 任 编 辑： 程王刚

书名／ 中小学多学科协同实施法治教育教学指导用书·高中语文　历史　地理
作者／ 中小学学科教学渗透法治教育课题组　编写

出版·发行／ 中国民主法制出版社
地址／ 北京市丰台区玉林里 7 号（100069）
电话／（010）63292534　63057714（发行部）　63055259（总编室）
传真／（010）63056975　63292520
http：//www.npcpub.com
E-mail： flxs2011@163.com
经销／ 新华书店
开本／ 16 开　787 毫米×1092 毫米
印张／ 12　**字数／** 195 千字
版本／ 2017 年 3 月第 1 版　2017 年 3 月第 1 次印刷
印刷／ 三河市兴达印务有限公司

书号／ ISBN 978－7－5162－1470－1
定价／ 29.00 元

法育应当是中国教育的基本维度

（代序）

孙霄兵

　　法育要成为培养人的重要组成部分,要和德育、智育、体育、美育等一样,成为教育的重要内容和形式,成为教育政策和教育实践的一个基本出发点和基本遵循原则。

　　青少年法育,就是对广大青少年进行系统的、有效的法治教育,使其掌握法治知识、树立法治观念、形成法治信仰,成为社会主义法治国家的合格公民,从而为成为社会主义事业建设者和接班人奠定基础。党的十八届四中全会作出全面推进依法治国的决定,其中特别强调对青少年学生开展法治教育的特殊作用,明确提出"把法治教育纳入国民教育体系,从青少年抓起,在中小学设立法治知识课程"。习近平总书记多次强调,要在全社会弘扬社会主义法治精神,引导全体人民遵守法律,有问题依靠法律来解决。这是对青少年法治教育的基本要求,也是中国教育改革发展的重要内涵,具有很强的针对性和现实性,需要我们深刻认识、全面理解并坚决贯彻。

　　青少年法育是建设法治国家的基础。国家是公民的集合体,人的法治素质是法治国家、法治社会最为根本的因素。人们的法治观念、行为习惯、生活状态直接影响并决定着法治国家的面貌。建设社会主义法治国家,首先要有法治人的基础。从这个意义上讲,培养社会主义合格公民,使广大青少年从小具备法治观念、树立法治信仰,养成自觉守法、遇事找法、解决问题靠法的思维习惯和行为方式,是全面推进依法治国、加快建设社会主义法治国家的基础工程,是在青少年群体中深入开展社会主义核心价值观教育的重要途径,是把个人行为与宪法原则、国家发展联系起来的基本渠道,是全面贯彻国家教育方针,促进青少年健康成长、全面发展,培养社会主义合格公民的客观要求。

　　青少年法育对规范教育科学发展具有重要价值。教育关注人的发展,促进人的发展。教育为人的发展提供了可能性,人的发展过程是自由与规范的有机统一。这意味着教育既要关注人的自由发展,也要关注人的有规律、有规范的发展。这一理念体现在教育活动中,就是要强调自由与规律的统一、爱与规范的统一。教育的基本出发点是爱,但是要促进人的健康成长,仅仅有爱是不够的,爱不能过度,而要适度;爱不能过泛,而要精准。同时,在教育的过程中要有规范,受教育者如果偏离了规范,要进行矫正。青少年法育强调人的发展的规律性、规范性,为教育提供了新的视角,丰富了教育的内涵,也为实现教育目的提供了基本的保障。在当前独子化、溺爱成风的社会环境下,法育有特别的重要性、针对性。教育领域要更加关注青少年法育,加强基础理论和教育教学研究与实践,提高青少年法育的系统性、科学性、实效性,并充分利用青少年法育的途径培养人、造就人。

青少年法育要求彰显法律的教育性。法律不仅具有评价、预测、强制的作用,而且具有指引和教育的作用。古代法律重视法的精神性、道德性和教育性。随着资本主义的发展,法律被视为一种最低限度的伦理,法律逐渐成为维护市场经济和社会利益的工具。由于过于强调法的利益性、工具性和技术性,其道德性和教育性被淡化了。青少年法育要求把法律的工具性、价值性、规范性和教育性有机结合起来,更加重视法律的精神性、道德性、教育性,注重以教育性、人的发展性来引导法律的发展,强调以人的教育为本,这就为法学的发展注入了新的活力。在司法实践中,法律要关注青少年的保护、教育和对不良行为的矫治,积极而慎重地处理相关案件和人员。法学研究也要更多地关注这一新领域,拓展研究视野,把青少年法育作为一个重要的课题和学科增长点,使青少年在教育与法治的统一环境中健康成长。

青少年法育要成为教育的基本内容。2015年修改的《中华人民共和国教育法》进一步明确了国家的教育方针是:教育必须为社会主义现代化建设服务、为人民服务,必须与生产劳动和社会实践相结合,培养德、智、体、美等方面全面发展的社会主义建设者和接班人。青少年法育,是与党和国家的教育方针一脉相承的,是贯彻国家教育方针的最好方式之一,是通过培养社会主义合格公民,为培养社会主义事业建设者和接班人奠定基础。在当前全面建设依法治国的背景下,要进一步强调法育的重要性,法育要成为培养人的重要组成部分,要和德育、智育、体育、美育等一样,成为教育的重要内容和形式,成为教育政策和教育实践的一个基本出发点和基本原则。

青少年法育,任重而道远,语新而意深。愿教育界、法学界及社会各界携手并进,共同为做好青少年法育工作努力奋斗。

(作者为教育部政策法规司司长)

目　录

第三编　高中地理学科渗透法治教育契机、内容、方法示例

第一编　高中语文学科渗透法治教育契机、内容、方法示例

为方便教师备课,每个示例均列"渗透契机""渗透内容""教学建议""备教资料""参考事例""课外拓展"六个栏目,简要说明如下:

【渗透契机】介绍教材固有的、借此能够渗透法治内容的机会。渗透契机(渗透点)可能是教学内容中的某个名词术语、某段文字、某个知识点,也可能是课文的整体内容或教学的知识板块,还可能是教材中的图表、作业题等,通过它可以"借题发挥",顺其自然地引出法治内容。渗透契机还可以通过教学引申有意创设。

【渗透内容】介绍适合在相应的渗透契机中渗透的法治内容,用★标序。★的多少反映难度(复杂度)差异,或是反映内容的逻辑关系。教师可以根据学生认知能力情况和不同的教学实际,全部讲解或部分选讲。

【教学建议】主要介绍法治渗透的基本方法、内容、要求和注意事项等内容。供备课时参考。

【备教资料】包括法律法规、文件文章、领导讲话摘录及名词术语解释等内容。供教师备课时使用和参考。部分内容因篇幅较长,只列名称或标题。鉴于法律法规存在修订、废止等变动,教师引用时应查询最新规定。

【参考事例】教学素材和备课辅助资料。包括法治案例、媒体新闻、社会舆情等方面的内容。由于篇幅普遍较长,如作为教学素材使用,应当在保持原意的基础上适当压缩,以节省教学时间。

【课外拓展】课后作业题。建议布置给学有余力、愿意继续探究的学生,不建议面向全体学生作硬性要求。

示例 1　别了, 不列颠尼亚

【渗透契机】

人教版·高中语文必修 1·短新闻两篇·《别了, 不列颠尼亚》。

课文有如下内容:

在 1997 年 6 月 30 日的最后一分钟, 米字旗在香港最后一次降下, 英国对香港长达一个半世纪的统治宣告终结。

在新的一天来临的第一分钟, 五星红旗伴着《义勇军进行曲》冉冉升起, 中国从此恢复对香港行使主权。与此同时, 五星红旗在英军添马舰营区升起, 两分钟前, "威尔士亲王"军营移交给中国人民解放军, 解放军开始接管香港防务。

【渗透内容】

★香港回归祖国, 中国恢复对香港行使主权, 并成立香港特别行政区, 是我国《宪法》关于"一国两制"在香港的生动、成功实践。

★★人民解放军进驻香港履行防务职责, 是中央人民政府依据《香港特别行政区基本法》负责管理香港特别行政区的防务, 人民解放军依据《香港特别行政区驻军法》依法驻军的重要体现。

【教学建议】

在《别了, 不列颠尼亚》一课教学中, 如果在课文讲解过程中直接渗透相关的法治知识, 处理不好, 可能会显得比较突兀, 破坏课文的意境, 但在教学结束的小结中顺带提及有关法治知识, 则比较自然。

具体教学建议为: 教师在教学小结时, 适时明确告知学生: 香港顺利回归祖国, 既与祖国日益强盛有着密切关系, 也与我国《宪法》关于"一国两制"的制度设计有着重大的关联; 为促进"一国两制"在香港的落实, 我国还专门制定了《香港特别行政区基本法》《香港特别行政区驻军法》。香港顺利回归及回归后继续保持繁荣稳定的生动实践证明:"一国两制"具有强大的生命力,对最终完成祖国统一,具有重要的现实意义。教师讲解时,可在课件中适时展示《宪法》第三十一条及《香港特别行政区基本法》《香港特别行政区驻军法》单行本图片或有关内容,但不需要教师对具体条款进行讲解,也不需要学生记录。通过本课教学的渗透,让学生大致了解"一国两制"是我国《宪法》规定的重要制度、人民解放军驻军香港是法律赋予的神圣职责即可。

【备教资料】

★ 《中华人民共和国宪法》

第三十一条 国家在必要时得设立特别行政区。在特别行政区内实行的制度按照具体情况由全国人民代表大会以法律规定。

第六十二条 全国人民代表大会行使下列职权:

……

(十三)决定特别行政区的设立及其制度;

……

★ 《全国人民代表大会关于设立香港特别行政区的决定》(1990 年 4 月 4 日)

第七届全国人民代表大会第三次会议根据《中华人民共和国宪法》第三十一条和第六十二条第十三项的规定,决定:

一、自 1997 年 7 月 1 日起设立香港特别行政区。

二、香港特别行政区的区域包括香港岛、九龙半岛,以及所辖的岛屿和附近海域。香港特别行政区的行政区域图由国务院另行公布。

★ 《中华人民共和国香港特别行政区基本法》

序言

……

为了维护国家的统一和领土完整,保持香港的繁荣和稳定,并考虑到香港的历史和现实情况,国家决定,在对香港恢复行使主权时,根据中华人民共和国宪法第三十一条的规定,设立香港特别行政区,并按照"一个国家,两种制度"的方针,不在香港实行社会主义的制度和政策。……

第十三条第一款 中央人民政府负责管理与香港特别行政区有关的外交事务。

第十四条第一款 中央人民政府负责管理香港特别行政区的防务。

★《中华人民共和国香港特别行政区驻军法》

第五条　香港驻军履行下列防务职责：

（一）防备和抵抗侵略，保卫香港特别行政区的安全；

（二）担负防卫勤务；

（三）管理军事设施；

（四）承办有关的涉外军事事宜。

【参考事例】

"一国两制"在香港的实践成就　国务院新闻办公室 2014 年 6 月 10 日发表《"一国两制"在香港特别行政区的实践》白皮书，全面阐述回归以来"一国两制"在香港特区的实践成就。

白皮书指出，宪法和香港基本法规定的特别行政区制度是国家对某些区域采取的特殊管理制度。在这一制度下，中央拥有对香港特别行政区的全面管治权，既包括中央直接行使的权力，也包括授权香港特别行政区依法实行高度自治。对于香港特别行政区的高度自治权，中央具有监督权力。

香港特别行政区成立以来，在中央政府和祖国内地的大力支持下，特区政府团结带领香港各界人士，充分发挥"一国两制"的制度优势，保持香港社会经济政治大局稳定，推动各项事业向前发展，不断取得新成就、新进步，包括：香港居民的基本权利和自由得到充分保护、民主政制依法稳步推进、经济保持平稳发展、各项社会事业迈上新台阶、对外交往和国际影响进一步扩大。

中央政府始终高度重视香港的经济发展和民生改善，全力支持香港应对各种困难和挑战，在谋划和推进国家整体发展战略时充分发挥香港的作用，积极推动香港与内地开展交流合作，为香港保持繁荣稳定提供坚强后盾。

在香港特别行政区各项事业取得全面进步的同时，"一国两制"在香港的实践也遇到了新情况新问题，香港社会还有一些人没有完全适应这一重大历史转折，特别是对"一国两制"方针政策和基本法有模糊认识和片面理解。目前香港出现的一些在经济社会和政制发展问题上的不正确观点都与此有关。

要把"一国两制"在香港特别行政区的实践继续推向前进，必须从维护国家主权、安全、发展利益，保持香港长期繁荣稳定的根本宗旨出发，全面准确理解和贯彻"一国两制"方针政策，把坚持一国原则和尊重两制差异、维护中央权力和保障特别行政区高度自治权、发挥祖国内地坚强后盾作用和提高香港自身竞争力有机结合起来,任何时候都不能偏废。

（新华网北京 2014 年 6 月 10 日电,记者查文晔、赵博）

【课外拓展】

备选 1.学生活动:以"不在港驻军,还叫什么领土"为搜索内容,在百度上搜索相关网页,阅读其中的内容,了解关于在港驻军背后的外交故事。

备选 2.学生思考与探究:为什么香港"占领中环"非法活动甚为严重的时期,驻港部队也没有派员进行管控?

示例2 包身工

【渗透契机】

人教版·高中语文必修1·《包身工》。

课文有如下内容：

1. (芦柴棒)十五六岁，除了老板之外，大概很少有人知道她的姓名。

2. 包身工的身体是属于带工老板的，所以她们根本就没有"做"或者"不做"的自由。她们每天的工资就是老板的利润，所以即使在生病的时候，老板也会很可靠地替厂家服务，用拳头、棍棒或者冷水来强制她们去做工作。

3. 每逢端午重阳年头年尾，带工头总要对拿莫温们送礼，那时候他们总得诌媚地讲："总得你帮忙，照应照应。咱的小姑娘有什么事情，尽管打，打死不干事，只要不是罚工钱停生意!"打死不干事，在这种情形之下，包身工当然是"人人得而欺之"了。……殴打之外还有饿饭、吊起、关黑房间等等方法。

4. 两粥一饭，十二小时工作，劳动强化，工房和老板家庭的义务服役，猪猡一般的生活，泥土一般的作践——血肉造成的"机器"终究和钢铁造成的不一样，包身契上写明的三年期限，能够做满的不到三分之二。

5. 可是，回信是捏在老板的手里了。散工回来的时候，老板和两个打杂的站在门口，横肉脸上在发火了，一把扭住她的头发，踢，打，掷，和爆发一般的听不清的嚷骂:……"信谁给你写的? 讲，讲!"

【渗透内容】

★国家尊重和保障人权。公民享有宪法和法律规定的权利。

★★公民的人身自由不受侵犯。非法剥夺或者限制他人人身自由，以暴力、威胁或者限制人身自由的方法强迫他人劳动，是犯罪行为，应依法惩处。

★★★国家从多方面保护公民的劳动权利。用人单位应当依法保障劳动者享有的劳动权利，否则将承担法律责任。

【教学建议】

本文集中描写了"芦柴棒"等包身工遭受的非人待遇,可渗透的法治知识较多,如果逐一讲解,把握不好,则可能会显得"为渗透而渗透",冲击教学本身。教师可在整个教学结束时的小结中,采取串讲的方式进行有关渗透。

具体教学建议为:教师在小结时,应明确告知学生:课文中的"芦柴棒"做包身工时只有十五六岁,包身工被工头管得死死的,没有人身自由、不允许给家人写信,每天劳动时间超过十二个小时,还经常被打骂虐待,长期的繁重劳动及恶劣的饮食、生活环境,使绝大多数包身工不到三年就去世了。这种敲骨吸髓的情况如果发生在今天的中国,一经查实,雇佣包身工的工厂和管事的工头就"摊上大事"了,仅非法限制人身自由、虐待工人、强迫工人超时工作、逼死人命,就足以让工厂破产、让工头坐牢;非法使用童工、非法干涉公民通信自由的行为,也严重触犯我国法律,也会受到法律的制裁。讲解中,教师不必展示、引用有关的法律名称和法律条文,也不需要学生记录。通过本课教学的渗透,让学生大致了解教师所讲的内容即可。

【备教资料】

★《中华人民共和国宪法》

第三十七条　中华人民共和国公民的人身自由不受侵犯。

……

禁止非法拘禁和以其他方法非法剥夺或者限制公民的人身自由,禁止非法搜查公民的身体。

第四十条　中华人民共和国公民的通信自由和通信秘密受法律的保护。……

第四十三条　中华人民共和国劳动者有休息的权利。

国家发展劳动者休息和休养的设施,规定职工的工作时间和休假制度。

★《中华人民共和国劳动法》

第三条第一款　劳动者享有平等就业和选择职业的权利、取得劳动报酬的权利、休息休假的权利、获得劳动安全卫生保护的权利、接受职业技能培训的权利、享受社会保险和福利的权利、提请劳动争议处理的权利以及法律规定的其他劳动权利。

第三十六条　国家实行劳动者每日工作时间不超过 8 小时、平均每周工作时间不超过 44 小时的工时制度。

第三十八条 用人单位应当保证劳动者每周至少休息1日。

★《中华人民共和国未成年人保护法》

第三十八条第一款 任何组织或者个人不得招用未满十六周岁的未成年人,国家另有规定的除外。

★《中华人民共和国刑法》

第二百三十四条第一款 故意伤害他人身体的,处三年以下有期徒刑、拘役或者管制。

第二百三十八条第一款 非法拘禁他人或者以其他方法非法剥夺他人人身自由的,处三年以下有期徒刑、拘役、管制或者剥夺政治权利。具有殴打、侮辱情节的,从重处罚。

第二百四十四条 以暴力、威胁或者限制人身自由的方法强迫他人劳动的,处三年以下有期徒刑或者拘役,并处罚金;情节严重的,处三年以上十年以下有期徒刑,并处罚金。

明知他人实施前款行为,为其招募、运送人员或者有其他协助强迫他人劳动行为的,依照前款的规定处罚。

单位犯前两款罪的,对单位判处罚金,并对其直接负责的主管人员和其他直接责任人员,依照第一款的规定处罚。

第二百五十二条 隐匿、毁弃或者非法开拆他人信件,侵犯公民通信自由权利,情节严重的,处一年以下有期徒刑或者拘役。

【参考事例】

事例1. 山西严肃查处"黑砖窑"事件涉案人员 2006年5月底,在山西省洪洞县公安局发动的"飞虹亮剑"二号行动中,广胜寺派出所发现曹生村一砖场存在没有手续、非法用工等问题,现场解救出被限制自由后强迫劳动的外地农民工31人。这个"黑砖场"的老板是曹生村支书王东己的长子王斌斌,工头是河南安阳人衡庭汉。

这31名农民工中的23人,是从郑州和西安火车站骗来的。另外的8人则神志不清,"只知道自己叫什么","爹妈的名字和老家在哪里则统统不知道"。这8人原来就是痴呆还是被黑砖场折磨至此,现在仍是一个谜。

这些农民工早上5点开始上工,干到凌晨1点才让睡觉。睡觉的地方是一个没有床、只有铺着草席的砖地、冬天也不生火的黑屋子,打手把他们像赶牲口般关进黑屋子后反锁,31 人只能背靠背地"打地铺",而门外则有 5 个打手和 6 条狼狗巡逻。一日三餐就是吃馒头、喝凉水,没有任何蔬菜,而且每顿饭必须在 15 分钟内吃完。一年多来,这 31 名外地农民工没有领到一分工资。

农民工们只要动作稍慢,就会遭到打手无情殴打,因此被解救时个个遍体鳞伤。去年腊月,湖北打手赵延兵嫌甘肃民工"刘宝"动作慢,竟用铁锹猛击"刘宝"的头部,当场致其昏迷,第二天死在黑屋子中。几名打手用塑料布将"刘宝"的尸体裹住,随便埋在了附近的荒山中。

工头衡庭汉的儿子衡名阳和陕西打手刘东升在这次行动中被当场抓获。殴打致人死亡的打手赵延兵后来也被警方抓获并押回洪洞。此后,赵延兵被判处死刑,衡庭汉被判处无期徒刑,其他违法犯罪人员也受到相应法律制裁,近百名渎职的公职人员被问责。

(山西新闻网 2007 年 6 月 7 日)

事例 2.北京市查处一起非法使用童工案　2014 年,北京市石景山区检察在办理一起饭店客人酒后闹事打伤民警、砸损警车案件时,发现作为证人的服务员李某和王某分别只有 12 周岁和 15 周岁,该饭店作为用人单位,存在非法招用未满 16 周岁未成年人(童工)的现象。检察院遂对石景山区人保局发出《检察建议书》,成功监督查处了这起石景山区近十年来首起违法招用童工案。最后,石景山区人保局安排李某和王某回家,针对该饭店非法使用童工问题,按每雇佣一名童工一个月罚款 5000 元人民币,依法对该饭店进行了行政处罚。

(《劳动午报》相关报道)

【课外拓展】

备选 1.学生活动:国家规定劳动者每日工作时间不超过多少小时?平均每周工作时间不超过多少小时。查一查《劳动法》的具体规定。

备选 2.学生思考题:如果将来你当"老板",从法律的层面讲,你聘用员工时应该注意哪些问题?如果将来你要求职,从法律的层面讲,你又应该注意哪些问题?

示例 3　孔雀东南飞　并序

【渗透契机】

人教版·高中语文必修2·《孔雀东南飞　并序》。

刘兰芝与焦仲卿两情相悦,感情很好,焦母却逼迫焦仲卿休了刘兰芝,刘兰芝的哥哥又逼迫刘兰芝改嫁。

【渗透内容】

★我国实行婚姻自由政策,国家保护妇女的婚姻自主权。

★★以暴力干涉他人婚姻自由,是严重的违法行为。

【教学建议】

在《孔雀东南飞　并序》一文中,焦母和刘兰芝的哥哥干涉刘兰芝婚姻的行为,最终酿成了悲剧。这为渗透关于"婚姻自由""禁止包办、买卖婚姻和其他干涉婚姻自由"的规定提供了契机。如果在课文讲解过程中直接渗透相关的法治知识,处理不好,可能会显得比较突兀,破坏课文的意境。但在教学结束的小结中顺带提及有关法治知识,则会显得比较自然。

具体教学建议为:教师在教学小结时,先让学生回答:是什么原因造成刘兰芝的悲剧?然后顺势总结并适时明确告知学生:造成焦仲卿与刘兰芝婚姻悲剧的直接原因是焦母和刘兄的干涉。为避免刘兰芝的悲剧继续重演,让天下有情人终成眷属,我国通过立法的形式,确立了"婚姻自由"制度,禁止一切形式的包办、买卖婚姻和其他干涉婚姻自由的行为。教师讲解时,可在课件中展示《婚姻法》第二条、第三条和《妇女权益保障法》第四十四条有关内容,但不需要教师对有关法条进行讲解,也不需要学生记录。通过本课教学的渗透,让学生知晓"我国法律保护婚姻自由""包办婚姻、暴力干涉他人婚姻自由是违法行为"即可。

【备教资料】

★《中华人民共和国宪法》

第四十九条 ……

禁止破坏婚姻自由……

★《中华人民共和国民法通则》

第一百零三条 公民享有婚姻自主权,禁止买卖、包办婚姻和其他干涉婚姻自由的行为。

★《中华人民共和国婚姻法》

第二条第一款 实行婚姻自由、一夫一妻、男女平等的婚姻制度。

……

第三条 禁止包办、买卖婚姻和其他干涉婚姻自由的行为。……

第五条 结婚必须男女双方完全自愿,不许任何一方对他方加以强迫或任何第三者加以干涉。

★《中华人民共和国妇女权益保障法》

第四十三条 国家保障妇女享有与男子平等的婚姻家庭权利。

第四十四条 国家保护妇女的婚姻自主权。禁止干涉妇女的结婚、离婚自由。

★《中华人民共和国刑法》

第二百五十七条 以暴力干涉他人婚姻自由的,处二年以下有期徒刑或者拘役。

犯前款罪,致使被害人死亡的,处二年以上七年以下有期徒刑。

……

【参考事例】

一起包办买卖婚姻引起的刑事案件 川北山区金子乡年近 30 岁的村民吴富贵,高中毕业后虽未考上大学,但聪明好学,掌握了维修技术,经常走村串户为村民修理家电、农机具,收入较好。由于他脸部有一红色"胎记",虽经人介绍了几个对象,均嫌其貌不扬而未能成功。他的远房亲戚杨德高,因丧偶又多病,与其 20 岁的女儿杨珍相依为命,生活困难。2001 年 8 月,吴为讨得杨家父女的欢心,主动送去 1000 元给杨德高治病,并表示今后在经济上大力帮助,使杨家父女感激不已。

同年9月初,吴富贵委托"媒人"带着礼物去杨家提亲。杨德高认为,吴虽然相貌不敢恭维,但聪明、勤劳,又有手艺、收入可观,女儿许配给他,不仅生活有靠,而且会得一笔丰厚的"彩礼",便背着女儿一口答应了这门亲事。不几天,吴即送去了彩礼及结婚用品。

杨珍知情后,坚决不同意与吴结婚,却遭到其父打骂。9月20日杨德高逼杨珍去乡政府办理结婚登记,杨珍不从,又遭毒打,并凶狠地说:"'父母之命,媒妁之言',自古以来是天经地义的规矩,必须去办结婚证。"杨珍无奈,只得哭哭啼啼随杨德高去乡政府。因婚姻登记员是吴富贵的堂兄,便违法为双方办理了结婚登记。

婚期将至,杨珍便逃到20里外的舅父唐建方家躲藏。10月1日,吴富贵带着亲友到杨家"迎亲",见杨珍不在,便威逼杨德高交人,杨便带吴等20余人到唐建方家"迎娶"。吴富贵找来绳索,将杨珍手脚捆绑,由四个小伙子轮流抬去吴家举行"婚礼",但杨珍仍然誓死反抗。

10月5日,杨珍舅父唐建方见杨珍未按"风俗"回门,担心外甥女受到折磨,便赶去吴家看望,见杨珍仍被捆在床上,奄奄一息。当即要求恢复杨珍人身自由,吴富贵声称,"她是我用了3万元买来的,'娶来的媳妇买来的马,任我骑来任我打',你无权干涉。"

唐建方便向当地警方报案。派出所立即出警,赶到吴家时,吴又指使亲友持械阻止,并将公安人员打伤。公安机关将吴富贵拘留,并解救了杨珍。

此案后经法院审判,以吴富贵犯强奸罪,判处徒刑四年;非法拘禁罪,判处徒刑二年;阻碍国家工作人员依法执行职务罪,判处徒刑三年。数罪并罚,合并执行徒刑8年。

(来源:华律网)

【课外拓展】

备选1.学生思考题:儿女恋爱时,父母对未来女婿(儿媳)进行"把关",是否属于干涉子女的婚姻自由?

备选2.学生思考题:你怎样看待婚俗中索要"彩礼"的行为?

示例 4　赤壁赋

【渗透契机】

人教版·高中语文必修 2·《赤壁赋》。

文中有这样一句话："且夫天地之间,物各有主,苟非吾之所有,虽一毫而莫取。"

【渗透内容】

物权法基本常识。

【教学建议】

文中"且夫天地之间,物各有主,苟非吾之所有,虽一毫而莫取"这句话,翻译成现代汉语,大意是"天地之间,万物各有主人,假如不是为我所有,即使是一丝一毫也不能得到"。这为渗透"物权"有关规定提供了契机。

具体教学建议为:教师在讲解到文中"且夫天地之间,物各有主,苟非吾之所有,虽一毫而莫取"这句话时,先引导学生将其翻译成现代汉语,让学生在充分理解这句话所要表达的意思后,再顺势明确告知学生:作者这句话所讲的意思,与我们今天所讲"物权"有颇多相似之处。所谓"物权",是指对特定的物享有直接支配和排他的权利,包括所有权、用益物权和担保物权。我国法律规定:国家、集体、私人的物权和其他权利人的物权受法律保护,任何单位和个人不得侵犯;国家为了公共利益可对公民的私有财产进行征收或者征用,但需要给予合理、公平补偿;物权受到侵害的,可以通过和解、调解、仲裁、诉讼等途径解决;因物权的归属、内容发生争议的,可以请求确认权利;妨害物权或者可能妨害物权的,可以请求排除妨害或者消除危险。上述内容,应该在课件中予以展示(但不宜直接引用《宪法》《物权法》相关条文),如果时间允许,还可让学生记录部分内容。通过本课教学的渗透,让学生初步了解物权常识,知晓"物权受法律保护""国家征收私有财产需给予合理补偿"即可。

【备教资料】

★《中华人民共和国宪法》

第十条 ……

国家为了公共利益的需要,可以依照法律规定对土地实行征收或者征用并给予补偿。

……

第十二条 社会主义的公共财产神圣不可侵犯。

国家保护社会主义的公共财产。禁止任何组织或者个人用任何手段侵占或者破坏国家的和集体的财产。

第十三条 公民的合法的私有财产不受侵犯。

国家依照法律规定保护公民的私有财产权和继承权。

国家为了公共利益的需要,可以依照法律规定对公民的私有财产实行征收或者征用并给予补偿。

★《中华人民共和国物权法》

第一条 为了维护国家基本经济制度,维护社会主义市场经济秩序,明确物的归属,发挥物的效用,保护权利人的物权,根据宪法,制定本法。

第二条 ……

本法所称物,包括不动产和动产。法律规定权利作为物权客体的,依照其规定。

本法所称物权,是指权利人依法对特定的物享有直接支配和排他的权利,包括所有权、用益物权和担保物权。

第四条 国家、集体、私人的物权和其他权利人的物权受法律保护,任何单位和个人不得侵犯。

第七条 物权的取得和行使,应当遵守法律,尊重社会公德,不得损害公共利益和他人合法权益。

第三十二条 物权受到侵害的,权利人可以通过和解、调解、仲裁、诉讼等途径解决。

第三十三条 因物权的归属、内容发生争议的,利害关系人可以请求确认权利。

第三十四条 无权占有不动产或者动产的,权利人可以请求返还原物。

第三十五条 妨害物权或者可能妨害物权的,权利人可以请求排除妨害或者消除危险。

第三十六条 造成不动产或者动产毁损的,权利人可以请求修理、重作、更换或者恢复原状。

第三十七条 侵害物权,造成权利人损害的,权利人可以请求损害赔偿,也可以请求承担其他民事责任。

第三十八条 本章规定的物权保护方式,可以单独适用,也可以根据权利被侵害的情形合并适用。

侵害物权,除承担民事责任外,违反行政管理规定的,依法承担行政责任;构成犯罪的,依法追究刑事责任。

★ **《国有土地上房屋征收与补偿条例》**

第二条 为了公共利益的需要,征收国有土地上单位、个人的房屋,应当对被征收房屋所有权人(以下称被征收人)给予公平补偿。

【参考事例】

天津市《物权法》第一案审结 2007年10月,南开区法院在审理一起房产案时,首次依照《物权法》驳回了原告的诉求。据了解,这是该市依照《物权法》审结的第一案。

本案中,原被告是一对父子。原告(父亲)诉称,原告于1998年以现金方式购得诉争房,因当时已有一套住房,故夫妻协商后将房屋产权所有人写为被告(儿子),此后,一家三口一直居住在诉争房内。今年7月,被告以结婚为由提出让原告搬出此房,后又欲卖出此房。原告认为,虽然诉争房的产权所有人写为被告,但实际是由原告出资购买的,并且原告自始至终居住在该房中,故诉请法院将诉争房的所有权确认为原告所有。

被告辩称,父母在1998年买房时将产权写在自己名下,诉争房有明确的产权登记,所以该房的产权人是被告,故不同意原告的诉求。

经审查明,原告与被告系父子关系,原告与第三人系夫妻关系。原告与第三人于1998年购置坐落在南开区的商品房一套,并将该房的产权所有人写为被告。现因家庭关系不和睦,原告起诉要求将诉争房的产权确认到原告名下。庭审中,被告及第三人均不同意原告的诉求。

法院认为,原告及第三人在购买诉争房时,已自愿将该房产权登记在被告名下。原告要求重新确认产权,于法无据,法院不予支持。最终,法院依照10月1日起实施的《物权法》第九条之规定驳回了原告的诉求。

(新华网相关报道)

【课外拓展】

备选1.问题探究:家长以你的名义购买的房屋,你是否享有"物权"? 学校发给你的教材,你又是否享有"物权"?

备选2.问题探究:文中说"且夫天地之间,物各有主",但是空气是"物",似乎就没有"主"。探究一下,化学物理上讲的"物"、《赤壁赋》文中讲的"物"和《物权法》讲的"物",有什么异同?

示例5 游褒禅山记

【渗透契机】

人教版·高中语文必修2·《游褒禅山记》。

文内说褒禅山"记游者甚众"。

【渗透内容】

★文明旅游的规定。

★★禁止在文物上刻画。

【教学建议】

在《游褒禅山记》一课教学中,如果在课文讲解过程中直接渗透相关的法治知识,会破坏课文的意境,但如果在教学结束的小结中顺带提及有关法治知识,则会显得比较自然。

具体教学建议为:教师在教学小结时,适时明确告知学生:古代文人墨客在游览名山大川、名胜古迹时,喜欢顺便留下一些诗词石刻,这既是文雅的表现,也为后世留下了一些景点或典故。但时至今日,在旅游景点或文物古迹上乱刻乱画,已成为一种不合时宜、饱受诟病的恶习,不仅不会给刻画者留下"美誉",反而会让其留下恶名。为促进国人文明旅游,我国《旅游法》《中国公民国内旅游文明行为公约》《游客不文明行为记录管理暂行办法》都明确规定,"乱刻乱画"属于典型的不文明旅游行为,严重触犯者将被列入"旅游黑名单",其行为将被记入"游客不文明行为记录系统";情节特别严重的,还可能被追究法律责任。讲解中,教师可适时在课件中展示《旅游法》第五条、第十三条和《游客不文明行为记录管理暂行办法》第五条的有关内容,但不需要学生记录。通过本课教学的渗透,让学生知晓"现今在旅游景点刻画涂鸦既是典型的不文明行为,同时也是违法行为"即可。

【备教资料】

★《中华人民共和国旅游法》

第五条 国家倡导健康、文明、环保的旅游方式……

第十三条 旅游者在旅游活动中应当……爱护旅游资源,保护生态环境,遵守旅游文明行为规范。

★《中华人民共和国文物保护法》

第六十六条 ……

刻划、涂污或者损坏文物尚不严重的,或者损毁依照本法第十五条第一款规定设立的文物保护单位标志的,由公安机关或者文物所在单位给予警告,可以并处罚款。

★《中华人民共和国刑法》

第三百二十四条 故意损毁国家保护的珍贵文物或者被确定为全国重点文物保护单位、省级文物保护单位的文物的,处三年以下有期徒刑或者拘役,并处或者单处罚金;情节严重的,处三年以上十年以下有期徒刑,并处罚金。

故意损毁国家保护的名胜古迹,情节严重的,处五年以下有期徒刑或者拘役,并处或者单处罚金。

过失损毁国家保护的珍贵文物或者被确定为全国重点文物保护单位、省级文物保护单位的文物,造成严重后果的,处三年以下有期徒刑或者拘役。

★《中华人民共和国治安管理处罚法》

第六十三条 有下列行为之一的,处警告或者二百元以下罚款;情节较重的,处五日以上十日以下拘留,并处二百元以上五百元以下罚款:

(一)刻划、涂污或者以其他方式故意损坏国家保护的文物、名胜古迹的;

(二)违反国家规定,在文物保护单位附近进行爆破、挖掘等活动,危及文物安全的。

★《游客不文明行为记录管理暂行办法》

第五条 游客在旅游活动中因下列行为受到行政处罚、法院判决承担责任的,或造成严重社会不良影响的,应当纳入旅游部门的"游客不文明行为记录"……(四)损毁、破坏旅游目的地文物古迹……

★《中国公民国内旅游文明行为公约》

营造文明、和谐的旅游环境,关系到每位游客的切身利益。做文明游客是我们大家

的义务,请遵守以下公约:

......

4、保护文物古迹。不在文物古迹上涂刻,不攀爬触摸文物,拍照摄像遵守规定。

......

【参考事例】

丁某刻画文物　美名变恶名　2013 年 5 月 24 日晚,一位名叫"空游无依"的网友发表一篇新浪微博,说他在埃及卢克索神庙的浮雕上,看到有人用中文刻上"丁锦昊到此一游"七个大字。"空游无依"表示,这是他"在埃及最难过的一刻,无地自容。"

微博发出后,引起舆论轩然大波。至 5 月 25 日晚 11 点,评论已达 11000 多条,转发达到 83000 多条,网上的相关评论则达数十万条,而主题词就是中国游客的"素质"。有网友说:"去过卢克索神庙,相当震撼！卢克索正常气温也有 40 多摄氏度,这个浮雕在沙漠里那么干燥恶劣的天气条件下,能保存到现在已经十分不易了！这么神圣的地方居然发生这种事情,几千年的文物被你这几个字给毁了,一定要严惩！"也有网友留言:"强烈建议埃及使馆报警或采取相应法律程序进行索赔。"还有网友写道:"亲爱的游客们,别忘了,出去时,你就是中国！"

2013 年 5 月 25 日,丁锦昊的父母约见记者,说"孩子犯错误,主要责任在大人,是我们监护不到位,平时教育得不好,我们和孩子向关注此事的人道歉,也向埃及方面道歉。"丁锦昊的父亲说,事情在网络传开后,他们心里很内疚,希望儿子得到原谅和宽容。2013 年 5 月 26 日,新浪微博名为"丁锦昊 1999"的用户发出一封道歉信,引发网友热烈讨论。这位叫丁锦昊的小朋友当时只是觉得好玩,为了留念刻下了这几个字,丝毫未想到自己的"小"行动居然带来这么大的影响,不仅损害了文物,还让外国同胞谴责中国人的素质。可谓一失手而成"千古恨"。

(参见相关日期的"新浪微博")

【课外拓展】

备选 1.学生活动:你见过的旅游不文明行为中,哪些属于失德,哪些属于违法？说一说你的依据。

备选 2.学生思考题:文中说"记游者甚众",说明旅游者大都有"记游"的兴致。根据今天的实际情况,你有什么好的点子,让有此爱好的旅游者在不违法的前提下,实现"记游"的愿望？

示例6 我有一个梦想

【渗透契机】

人教版·高中语文必修2·《我有一个梦想》。

课文主题:反对种族歧视。

【渗透内容】

★种族歧视、种族隔离是犯罪行为。

★★我国奉行各民族各种族一律平等政策。

★★★中国加入了联合国《禁止并惩治种族隔离罪行国际公约》。

【教学建议】

在《我有一个梦想》一课教学中,建议教师在课文教学前请学生通过网络,查阅一下作者"马丁路德·金"及他那个时代的美国黑人遭遇的基本情况,以帮助学生加深对课文内容的理解。在整个教学结束时的小结中,教师应当明确告知学生:不论什么肤色、不论什么民族、不论什么种族,人人生而平等。种族歧视、种族隔离,是对人类文明的践踏,是对社会公序良俗的严重挑衅,为世人所不齿。在当今世界,绝大多数国家,都通过立法的形式,禁止种族歧视、种族隔离,反对一切针对种族的暴力和杀戮。我国也明确规定,各民族、各种族一律平等。1983年,我国还加入了联合国《禁止并惩治种族隔离罪行国际公约》,向国际社会庄严承诺:中国反对并严厉惩治一切形式的种族歧视和种族隔离的犯罪行为。讲解时,教师可适时在课件中展示《宪法》第三十四条及联合国《禁止并惩治种族隔离罪行国际公约》第一条中的有关内容,并让学生记录"中华人民共和国奉行各民族、各种族一律平等的政策"。通过本课教学的渗透,让学生知晓"种族歧视、种族隔离是违法犯罪行为,我国奉行各民族、各种族一律平等的政策"即可。

【备教资料】

★《中华人民共和国宪法》

第四条第一款　中华人民共和国各民族一律平等。国家保障各少数民族的合法的权利和利益,维护和发展各民族的平等、团结、互助关系。禁止对任何民族的歧视和压迫,禁止破坏民族团结和制造民族分裂的行为。

第三十四条　中华人民共和国年满十八周岁的公民,不分民族、种族、性别、职业、家庭出身、宗教信仰、教育程度、财产状况、居住期限,都有选举权和被选举权;但是依照法律被剥夺政治权利的人除外。

★ 联合国《禁止并惩治种族隔离罪行国际公约》

第一条

1.本公约缔约国宣布:种族隔离是危害人类的罪行,由于种族隔离的政策和作法以及类似的种族分离和歧视的政策和作法所造成的不人道行为,如本公约第二条所规定者,都是违反国际法原则,特别是违反联合国宪章的宗旨和原则的罪行,对国际和平与安全构成严重的威胁。

2.本公约缔约国宣布:凡是犯种族隔离罪行的组织、机构或个人即为犯罪。

【参考事例】

事例1.曼德拉:南非种族隔离政策的终结者　曼德拉是世界上最受尊重的政治家之一。曼德拉不仅坚持非洲民族解放的信念,而且主张种族和解、建立平等自由的新南非。他坚决反对种族隔离,以非暴力形式带领南非结束了族隔离制度,避免了族群仇杀和社会动荡,实现了政治、经济的平稳过渡,被国际社会公认为社会变革的奇迹。1993年,曼德拉被授予诺贝尔和平奖。1994年5月10日曼德拉成为南非首位黑人总统,达到他传奇人生的高潮。在非洲,曼德拉是整个大陆的骄傲,是非洲团结的化身。在世界范围内,曼德拉是一面道德和正义的旗帜。

(根据有关资料加工整理)

事例2.种族歧视在美国依然存在　2015年,美国的种族关系持续恶化,执法司法领域依然是种族歧视的重灾区,种族仇恨犯罪时有发生,反穆斯林言论甚嚣尘上,少数族裔在经济和社会生活中的弱势地位难以扭转。

警察杀害非洲裔美国人的案件屡屡发生。2015年4月12日,25岁的非洲裔男子弗雷迪·格雷在马里兰州西巴尔的摩地区遭警方逮捕时,被警察用膝盖顶住背部和头部、双手反铐在背后、脸朝下拖进警车。在发现格雷呼吸困难并要求帮助后,警察并未理会,直至送医院后死亡。事件引发巴尔的摩市居民大规模抗议示威。示威活动27日演变成暴力冲突,导致马里兰州宣布进入紧急状态,并出动国民警卫队维持秩序。

种族仇恨犯罪时有发生。46岁的克雷格·斯蒂芬·希克斯于2015年2月10日在北卡罗来纳大学附近枪杀三名穆斯林学生,凶手此前时常在网络上发表各种反宗教言论。21岁的白人男子戴伦·鲁夫2015年6月17日晚在南卡罗莱纳州查尔斯顿一个非洲裔美国人教堂内枪杀了包括牧师在内的9人。鲁夫在行凶时对受害者大喊:"你们强奸我们的妇女,占领我们的国家,你们必须滚出去。"

反穆斯林言论甚嚣尘上。一位共和党总统参选人公开发表言论,称会考虑对穆斯林实施未经授权的搜查,增加对清真寺的监控,并声称不排除建立追踪美国穆斯林的数据库,或给穆斯林颁发标明其宗教信仰的特殊身份证。

少数族裔处境艰难。美国劳工统计局数据显示,2015年11月白人失业率为4.3%,非洲裔为9.4%,拉美裔为6.4%。据美国有线电视新闻网网站2015年2月18日报道,种族之间的收入不平等进一步扩大,白人拥有的财富是非洲裔的12倍,是拉美裔的近11倍,"对于很多非洲裔和拉美裔美国家庭而言,美国梦仍然遥不可及。"

（据国务院新闻办发布的2015年美国人权报告）

【课外拓展】

备选1.学生活动:查一查,中国有哪些人种?

备选2.学生思考题:种族和民族是一回事吗?

备选3.查一查:中国是哪一年加入《禁止并惩治种族隔离罪行国际公约》的? 加入这个国际公约是由哪个机关作出的决定?

示例 7 祝 福

【渗透契机】

人教版·高中语文必修 3·《祝福》。

(第二段)"这是鲁镇年终的大典,致敬尽礼,迎接福神,拜求来年一年中的好运气的。杀鸡,宰鹅,买猪肉,用心细细的洗,女人的臂膊都在水里浸得通红……拜的却只限于男人。"

【渗透内容】

★"男女平等"我国法律规定的基本原则之一。

【教学建议】

在《祝福》一课中,教师在讲解筹备祭祀用品是女人的事,但女人却不能参加祭祀这一段落时,可适时向学生提出为什么女人不能参加祭祀的问题,让学生充分讨论交流后,教师再顺势明确告知学生:在现实生活中,男女适当的分工是必要的也是合法的,但以分工的名义行"男尊女卑"之实,虽然在旧社会封建礼教中是合法的,但在"男女平等"已成为文明社会共识的今天,"男尊女卑"的做法已显然不合时宜,严重者还可能触犯我国法律关于"男女平等"的规定。讲解中,教师可适时在课件中展示《宪法》第四十八条和《妇女权益保护法》中有关男女平等方面的有关条款,但不需要学生记录。通过本课教学的渗透,让学生知晓"男女平等是社会文明进步的体现,也是法律的规定"即可。

【备教资料】

★《中华人民共和国宪法》

第四十八条 中华人民共和国妇女在政治的、经济的、文化的、社会的和家庭的生活等各方面享有同男子平等的权利。国家保护妇女的权利和利益,实行男女同工同酬,培养和选拔妇女干部。

★《中华人民共和国妇女权益保护法》

第二条第一款　妇女在政治的、经济的、文化的、社会的和家庭的生活等各方面享有同男子平等的权利。

第九条　国家保障妇女享有与男子平等的政治权利。

第十一条第一款　妇女享有与男子平等的选举权和被选举权。

第十五条　国家保障妇女享有与男子平等的文化教育权利。

第二十二条　国家保障妇女享有与男子平等的劳动权利。

第二十四条　实行男女同工同酬。

妇女在享受福利待遇方面享有与男子平等的权利。

第二十五条　在晋职、晋级、评定专业技术职务等方面,应当坚持男女平等,不得歧视妇女。

第三十条　国家保障妇女享有与男子平等的财产权利。

第三十四条第一款　妇女享有的与男子平等的财产继承权受法律保护。……

第三十六条　国家保障妇女享有与男子平等的人身权利。

第四十三条　国家保障妇女享有与男子平等的婚姻家庭权利。

【参考事例】

绍兴9位受歧视妇女告赢浙江省政府　9位妇女是绍兴市越城区城南江家溇村村民。她们户口一直在村里,和其他村民没有区别。2009年6月,绍兴市越城区城南江家溇村进行"城中村"改造。本次城中村改造中对"外嫁女"存在歧视,譬如规定,户口在册的外嫁女及子女,无合法产权房屋的,不予安置;有合法产权房屋的,其房屋面积不享受人均40平方米的保底安置;而对于男子不仅进行了40平方米的保底安置,而且规定配偶户口在外地的可以增加一个安置人口。2010年6月11日,其中9位妇女不服浙江省人民政府征地批文,申请浙江省人民政府复议。浙江省人民政府作出维持决定后,2011年4月15日,9名妇女向国务院提出复议申请。2011年8月17日,国务院作出裁决:撤销浙江省人民政府的复议决定,责令其重新作出复议决定。

（来源:财经网）

【课外拓展】

备选1.学生思考题:法律中讲"男女平等",现实生活中又讲"女士优先",这矛盾吗?

备选2.学生思考题:有人认为丈夫打老婆、父母打孩子是家务事,不必管。你认同这种看法吗?为什么?

示例8　寡人之于国也

【渗透契机】

人教版·高中语文必修3·《寡人之于国也》。

文中有段话说:"不违农时,谷不可胜食也。数罟不入洿池,鱼鳖不可胜食也。斧斤以时入山林,材木不可胜用也。谷与鱼鳖不可胜食,材木不可胜用,是使民养生丧死无憾也。养生丧死无憾,王道之始也。"

【渗透内容】

★孟子朴素的环保思想与今天我国法律确定的"合理开发使用自然资源"的理念高度吻合,其思想,在今天依然具有重要的现实意义。

【教学建议】

在讲授到课文《寡人之于国也》第五段时,教师应首先引导学生将课文翻译成现代汉语,而后分析孟子在文章中提出的"遵循自然规律""合理开发自然资源"的朴素环保思想,进而顺势告知学生,孟子的这种环保思想,与今天我国的《宪法》和《环境保护法》确定的"合理开发使用自然资源"的理念是高度吻合,对我们今天合理开发资源,做好环境保护工作,走可持续发展道路,依然具有重要的现实意义。教师在讲解时,可在课件中适时展示《宪法》第九条和《环境保护法》第三十条的有关内容,但不需要学生记录。通过本课教学的渗透,让学生知晓"合理开发利用自然资源是法律的明确规定"即可。

【备教资料】

★《中华人民共和国宪法》

第九条第二款　国家保障自然资源的合理利用……

★《中华人民共和国环境保护法》

第三十条　开发利用自然资源,应当合理开发,保护生物多样性,保障生态安全……

【参考事例】

　　鄱阳湖实施禁渔期成效初显　　南昌2015年6月20日电(记者郭强)20日12时,我国最大淡水湖鄱阳湖为期3个月的春季禁渔期结束,渔民开始下湖进行捕捞作业。

　　江西省鄱阳湖渔政局介绍,为进一步加大禁渔制度效果,今年以来,江西省在鄱阳湖共放流鱼苗6000万尾以上,对恢复鄱阳湖水生生物资源和修复生态环境起到了积极作用。

　　鄱阳湖是我国最大淡水湖,水面资源和渔业资源十分丰富。由于一些年份降水偏少等自然原因和过度捕捞等人为因素,鄱阳湖区渔业资源出现明显衰退。为此,从2002年起,鄱阳湖开始实行全湖禁渔制度,在每年3月20日12时至6月20日12时的禁渔期内,禁止所有捕捞作业。目前,鄱阳湖区渔业资源衰退趋势有所遏制,渔业生态环境明显改善。

(新华网 http://news.xinhuanet.com/local/2015 - 06/20/c_1115678661.htm)

【课外拓展】

　　备选1.学生活动:查找资料,了解渔业生产中"禁渔区""禁渔期",林业生产"择伐""渐伐"等概念。

　　备选2.学生活动:现行很多法律是自然规律的体现,或者说制订依据就是自然规律。试举一二例说明。

示例 9　窦娥冤

【渗透契机】

人教版·高中语文必修 4·《窦娥冤》。

文中有关逼婚、索贿和刑讯逼供等情节。

【渗透内容】

★国家尊重和保障人权。刑事诉讼要保证准确、及时地查明犯罪事实,正确应用法律,惩罚犯罪分子,保障无罪的人不受刑事追究。

★★人民法院审判案件,实行两审终审制。不服人民法院第一审判决的,有权向上一级人民法院上诉。对被告人的上诉权,不得以任何借口加以剥夺。

★★★被告人有权获得辩护。人民法院有义务保证被告人获得辩护。辩护人的责任是根据事实和法律,维护被告人的诉讼权利和其他合法权益。

【教学建议】

《窦娥冤》一文紧紧围绕一个"冤"字来展开。在这一课的教学中,法治渗透点比较多,如果逐一讲解,所用时间较长,处理不好会显得"为渗透而渗透",冲击教学本身。

教师可在整个教学结束的小结中,采取串讲的方式进行有关渗透:文中"窦娥"的遭遇是十分不幸、令人同情的,"窦娥"遭遇的逼婚、索贿、刑讯逼供,如果这种事情发生在今天,逼婚者、索贿者和刑讯逼供者那就算"摊上大事了",法律后果很严重。此时,教师可趁机在课件中展示我国《婚姻法》第五条、《刑事诉讼法》第五十四条和《刑法》第三百八十五条的有关条款,让学生通过法律条款的展示,知晓此类行为是违法的,严重者还将受到法律制裁。对于具体的法律名称和法律条款,并不需要学生记录。通过本课教学的渗透,让学生知晓"逼婚、索贿、刑讯逼供违法"即可。

【备教资料】

★《中华人民共和国婚姻法》

第五条 结婚必须男女双方完全自愿,不许任何一方对他方加以强迫或任何第三者加以干涉。

第十一条 因胁迫结婚的,受胁迫的一方可以向婚姻登记机关或人民法院请求撤销该婚姻……

★《中华人民共和国刑事诉讼法》

第五十四条第一款 采用刑讯逼供等非法方法收集的犯罪嫌疑人、被告人供述和采用暴力、威胁等非法方法收集的证人证言、被害人陈述,应当予以排除。……

第五十五条 人民检察院接到报案、控告、举报或者发现侦查人员以非法方法收集证据的,应当进行调查核实。对于确有以非法方法收集证据情形的,应当提出纠正意见;构成犯罪的,依法追究刑事责任。

第五十六条 法庭审理过程中,审判人员认为可能存在本法第五十四条规定的以非法方法收集证据情形的,应当对证据收集的合法性进行法庭调查。

当事人及其辩护人、诉讼代理人有权申请人民法院对以非法方法收集的证据依法予以排除。申请排除以非法方法收集的证据的,应当提供相关线索或者材料。

第五十八条 对于经过法庭审理,确认或者不能排除存在本法第五十四条规定的以非法方法收集证据情形的,对有关证据应当予以排除。

★《中华人民共和国刑法》

第二百四十七条第一款 司法工作人员对犯罪嫌疑人、被告人实行刑讯逼供或者使用暴力逼取证人证言的,处三年以下有期徒刑或者拘役。致人伤残、死亡的,依照本法第二百三十四条、第二百三十二条的规定定罪从重处罚。

第三百八十五条 国家工作人员利用职务上的便利,索取他人财物的,或者非法收受他人财物,为他人谋取利益的,是受贿罪。

国家工作人员在经济往来中,违反国家规定,收受各种名义的回扣、手续费,归个人所有的,以受贿论处。

第三百八十六条 对犯受贿罪的,根据受贿所得数额及情节,依照本法第三百八十三条的规定处罚。索贿的从重处罚。

【参考事例】

事例1.新农合工作人员索贿被判刑　广西金秀瑶族自治县新型农村合作医疗管理中心桐木镇经办点原负责人及出纳黄某,2008年到2012年间,利用职务之便,多次向前来办理新型农村合作医疗医药费报销的群众索要好处费,涉案金额20230.8元。最终法院经审理认为,黄某主动索取好处费,情节恶劣,影响极坏,应从重处罚,以受贿罪判处黄某有期徒刑二年,所索取的款项全部退还农民。

(《来宾日报》相关报道)

事例2.民警刑讯逼供被判有罪　2011年7月,重庆市长寿区公安局以吕某涉嫌犯罪对其立案侦查。民警苟洪波负责审讯工作,其授意、指使但波、郑小林等民警采取刑讯手段逼取吕某口供。经鉴定,吕某损伤程度为重伤。案发后,但波主动到检察机关投案。2014年5月13日,重庆市大渡口区法院对三名公安民警刑讯逼供案进行判决,苟洪波犯故意伤害罪,判处有期徒刑三年,缓刑三年;但波犯故意伤害罪,判处有期徒刑二年六个月,缓刑二年六个月;郑小林犯刑讯逼供罪,免予刑事处罚。

(《京华时报》相关报道)

【课外拓展】

备选1.学生思考题:大龄青年逢年过节中遭遇父母"逼婚",算不算婚姻自由被干涉？说一说你的看法。

备选2.学生活动:查资料,了解什么是刑讯逼供。

备选3.学生思考题:造成冤案,各有原因。有些是办案人员的故意行为,有些是办案人员不负责任,有些是办案人员屈服于各种压力,有些是办案人员水平有限……想一想,如果将来你成为法官,你将如何防止冤案发生？

示例 10　信　条

【渗透契机】

人教版·高中语文必修4·短文三篇·《信条》。

作者列举的"信条"中反映"公序良俗"的内容。

【渗透内容】

★公序良俗原则是现代民法的一项基本法律原则。

★★公序良俗原则意味着"权利不可滥用"。

★★★法律原则通常是社会普遍价值的积淀,不会轻易改变。

【教学建议】

教师在讲到"拿上边的任何一条,推衍到老练、通达的成年期中,实践于你的家庭生活,或者你的工作,或者你的社区,或者你的生活圈子,都行"时,反问学生,作者为什么会这么说。然后,告诉学生,文中"有东西大家分享""不打人""公平游戏""交还你捡到的东西""收拾好你的一摊子""不要拿不属于你的东西""惹了别人你就说声对不起",这些"金规矩""平等观念"不仅仅是富尔格姆的人生信条,也应当成为我们每个人的基本守则,因为这些"信条"凸显的是社会公德,是现代社会行为规范,是"公序良俗",大家都应当遵守。告诉学生"公序良俗原则"这一民法基本法律原则,重点要强调,公序良俗原则意味着"权利不可滥用",在行使民事权利时,我们的行为应当符合善良的风俗习惯,尊重社会公德,不损害国家和社会秩序。如果我们的行为违反公序良俗,即使法律对该行为没有明确的禁止性规定,法院也可以认定是无效的。如果学生还有兴趣了解法律原则的有关知识,在时间允许的情况下,可适当讲解一下什么是法律原则。

【备教资料】

★ 公序良俗原则

公序良俗原则是现代民法的一项基本原则,它要求我们在日常社会经济活动中要遵守公序良俗。

"公序良俗"简而言之,指大家都应当遵守的公共秩序和善良风俗,公共秩序主要指的是与社会公共利益有关的社会秩序,包括经济秩序、生活秩序等;善良风俗指的是社会公认的、良好的道德准则和风俗,包括社会公德、良好风尚等。

★ 我国民法中的公序良俗原则

我国现有立法中尚未明确使用"公序良俗"这一概念,但是在法律条文中出现的"社会公共利益""社会经济秩序""社会公德"等都表达了类似的含义和精神。社会公共利益和社会经济秩序可以说就是公序,而社会公德则是良俗的集中体现。

《民法通则》第七条规定:民事活动应当尊重社会公德,不得损害社会公共利益,扰乱社会经济秩序。

《合同法》第七条规定:当事人订立、履行合同,应当遵守法律、行政法规,尊重社会公德,不得扰乱社会经济秩序,损害社会公共利益。

★ 法律原则

法律原则一般是指可以作为法律规范的基础或本源的综合性、稳定性原理或准则,是一种概括性的要求或标准,它能够为判决指示一定的方向,并授权法官在具体案件中依价值判断进行利益衡量并予以适用。

由于法律在制定过程中难以全面地符合社会的全部需要。法律本身存在滞后性、模糊性等缺陷,一定时间的现行法律法规很难由于法律规范固有的稳定性和滞后性,现有的法律规范总是存在漏洞的。法制建设越完善,法律规定越具体、全面,就越能显露出其对社会纠纷的所作预设的不足,在民事裁判过程中,就越容易出现无法严格"对号入座"的情形,在这种情况下,法律原则弥补法律漏洞的作用就尤为明显。

【参考事例】

事例1.我国公序良俗第一案 四川省泸州市某公司职工黄某和蒋某1963年结婚,但是妻子蒋某一直没有生育,后来只能抱养了一个儿子,由此原因给家庭笼罩上了一层阴影。1994 年,黄某认识了张姓女子,并且在与张认识后的第二年同居。2001 年 2 月,黄到医院检查,确认自己已经是晚期肝癌。2001 年 4 月 18 日黄立下遗嘱:"我决定,将依法所得的住房补贴金、公积金、抚恤金和卖泸州市江阳区一套住房售价的一半(即 4 万元),以及手机一部遗留给我的朋友张某一人所有。我去世后骨灰盒由张负责安葬。"4 月 20 日黄的这份遗嘱在泸州市纳溪区公证处得到公证。4 月 22 日,黄去世,张根据遗嘱向蒋索要财产和骨灰盒,但遭到蒋的拒绝。张遂向纳溪区人民法院起诉,请求依据《继承法》的有关规定,判令被告蒋某按遗嘱履行,同时对遗产申请诉前保全。10 月 11 日纳溪区人民法院公开宣判,认为:该遗嘱虽是黄某的真实意思表示且形式上合法,但是黄基于与张有非法同居关系而将其遗产和属被告所有的财产赠与张,是一种违反公共秩序、社会公德和违反法律的行为。原告张明知黄有配偶而与其长期同居生活,其行为法律禁止,社会公德和伦理道德所不允许的,侵犯了蒋的合法权益,于法于理不符。据此,依照《中华人民共和国民法通则》第七条的规定,判决驳回原告张的诉讼请求。

(根据《四川省泸州市纳溪区人民法院民事判决书(2001)纳溪民初字第 561 号》整理)

事例 2.的哥捡拾乘客财物拒不归还被判有罪　2014 年 5 月 8 日,北京市顺义法院判决了一起案件:的哥王某因捡到乘客手机却拒绝归还被告上法庭,王某被判赔偿乘客沈先生 5000 元。我国《刑法》中有规定,以非法占有为目的,将他人的交给自己保管的财物、遗忘物或者埋藏物非法占为己有,数额较大,拒不交还的行为是侵占罪。王某是出租车司机,如果乘客在遗落手机之后,并没有找王某索要,那么王某不主动归还只是涉及道德问题,但事后乘客找到了王某,王某明明见到了手机,却撒谎称被其他乘客捡走,此后又使用乘客的手机,王某就明显涉嫌侵占。无独有偶,2014 年 6 月 19 日,重庆一名的哥捡到乘客手包后,私自揣进了自己腰包。这个不诚实的的哥最终被处罚款 200 元,诚信考核计 3 分。

(根据网络资料整理)

【课外拓展】

备选 1.学生活动:你有没有自己的"信条"或者"戒条"？如有,用书面语言进行整理,并且征求他人的意见建议,修改完善。

备选 2.学生思考题:"人不犯我我不犯人,人若犯我我必加倍偿还"这样的人生"信条"是否符合公序良俗？

示例 11　苏武传

【渗透契机】

人教版·高中语文必修4·《苏武传》。

文内说,单于使卫律召武受辞,武谓惠等:"屈节辱命,虽生,何面目以归汉!"引佩刀自刺。

【渗透内容】

★公民有维护国家荣誉和尊严的义务。

★★驻外外交人员应当忠于祖国和人民,维护国家尊严,维护国家的主权、安全、荣誉和利益。

【教学建议】

在《苏武传》一课教学中,法治渗透的时间点选择上,既可以选在讲解第四个段落内容时进行,也可以在整篇课文教学结束时的小结中进行。具体选择在什么时候渗透,教师可根据教学情况自行选择。但无论选择在哪个时候开展渗透,教师都应在课文分析讲解的基础上进行,并在渗透时明确告知学生:苏武带着汉朝使命出使匈奴,为维护国家的荣誉和尊严,不惜以死相搏。苏武的这种行为,不论在古代还是在今天,都是值得肯定和学习的。今天,"维护国家荣誉和尊严",是《宪法》赋予每一个中国公民应尽的光荣义务。同时,苏武出使匈奴,其角色相当于今天的外交官。不论在古代还是在当今社会,维护国家荣誉和尊严,始终是外交人员重要责任。今天,我国以法律的形式,明确规定外交人员应当履行的8项法定职责和9项法定义务,其中第一条分别就是"维护国家主权、安全、荣誉和利益"和"忠于祖国和人民,维护国家尊严"。教师在讲解时,可在课件中同步展示《宪法》第五十四条和《驻外外交人员法》第五条、第八条的有关内容,以加深学生的理解和印象,但不需要学生记录。通过本课教学的渗透,让学生知晓"维护国家荣誉和利益是《宪法》赋予每个公民的义务"即可。

【备教资料】

★《中华人民共和国宪法》

第五十四条 中华人民共和国公民有维护祖国的安全、荣誉和利益的义务,不得有危害祖国的安全、荣誉和利益的行为。

★《中华人民共和国驻外外交人员法》

第五条 驻外外交人员应当根据职务和工作分工,履行下列职责:

(一)维护国家主权、安全、荣誉和利益;

……

第八条 驻外外交人员应当履行下列义务:

(一)忠于祖国和人民,维护国家尊严;

……

第三十三条 驻外外交人员有下列行为之一的,依法给予相应的处分;构成犯罪的,依法追究刑事责任:

(一)损害国家主权、安全、荣誉和利益的;

……

【参考事例】

吴玉章维护国家尊严的故事 老革命家吴玉章,年轻时东渡日本留学。1904 年元旦,因清朝末年中国贫弱,日本帝国看不起中国,在悬挂的万国旗中,故意不挂中国国旗。为维护国家和民族的尊严,吴玉章挺身而出,代表留日学生向学校当局严正提出:必须立即向中国学生道歉并纠正错误,否则,就要举行罢课和绝食以示抗议。学校当局在中国爱国留学生的强大压力下,只得认错道歉。

【拓展活动】

备选 1.学生活动:上网查《驻外外交人员法》,了解我国驻外外交人员有哪些法定职责和法定义务,应当具备哪些条件,才能担任驻外外交人员。

备选 2.学生思考题:为了维护国家的主权、安全、荣誉和利益,在上网、出国或者与外国人打交道时,我们应当注意些什么?

示例 12　装在套子里的人

【渗透契机】

人教版·高中语文必修5·《装在套子里的人》。

文中有个情节:"有个促狭鬼画了一张漫画,画着别里科夫打着雨伞,穿了雨鞋,卷起裤腿,正在走路,臂弯里挽着华连卡……因为男子中学和女子中学里的教师们、神学校的教师们、衙门里的官儿,全接到一份。别里科夫也接到一份。这幅漫画弄得他难看极了。"

【渗透内容】

★法律保护公民的名誉权。

★★侵犯他人名誉权是违法行为,严重者可能受到法律追究。

【教学建议】

在《装在套子里的人》一文中,因为"促狭鬼"用漫画的形式对"别里科夫"进行了嘲弄,如果要在本课教学中渗透法治教育,可能很多教师首先想到的是侵犯肖像权方面的法律问题,而不是名誉权的问题。其实,这是一个观念上的误区。根据我国《民法通则》第一百条关于肖像权的规定,构成侵犯公民肖像权的行为,应具备两个要件:一是未经本人同意;二是以营利为目的。根据文章的表述,"促狭鬼"并不是出于营利目的对"别里科夫"进行漫画,因此,不能判定为侵犯肖像权的问题。但"促狭鬼"用漫画的形式对"别里科夫"进行嘲弄,使其名誉受损,则是不争的事实,故,本课可渗透公民名誉权的问题。

具体的教学建议为:在《装在套子里的人》一课教学中,教师应首先通过对课文的讲解,让学生从总体上理解和把握作者通过夸张的语言和漫画式的勾勒,描绘了一个顽固保守、躲避现实、害怕变革、充满荒谬生活逻辑的"别里科夫"形象,进而推理出"别里科夫"既是专制统治的维护者,也是专制统治的受害者,虽然可恶,但也可怜。然后,教师再顺势明确告知学生:我们不能因为"别里科夫"的可恶,就认为"促狭鬼"用画漫画、散发漫画的方式对其嘲笑、侮辱的行为是正确的。如果此事发生在今天的中国,"促狭鬼"的行为就侵犯了"别里科夫"的名誉权,"别里科夫"有权要求"促狭鬼"停止侵权并给予其经济赔偿。讲解时,教师可适时在课件中展示《民法通则》第一百零一条和第一百二十条的有关内容,但不需要学生记录。通过本课教学的渗透,让学生知晓"法律保护公民的名誉权;侵犯他人名誉权是违法行为,严重者可能受到法律追究"即可。

【备教资料】

★《中华人民共和国宪法》

第三十八条 中华人民共和国公民的人格尊严不受侵犯。禁止用任何方法对公民进行侮辱、诽谤和诬告陷害。

★《中华人民共和国民法通则》

第一百零一条 公民、法人享有名誉权,公民的人格尊严受法律保护,禁止侮辱、诽谤的方式损害公民、法人的名誉。

第一百二十条第一款 公民的姓名权、肖像权、名誉权、荣誉权受到侵害的,有权要求停止侵害,恢复名誉,消除影响,赔礼道歉,并可以要求赔偿损失。

★《最高人民法院关于贯彻执行〈中华人民共和国民法通则〉若干问题的意见(试行)》

140、以书面、口头形式宣扬他人的隐私,或者捏造事实公然丑化他人人格,以及用侮辱、诽谤等方式损害他人名誉,造成一定影响的,应当认定为侵害公民名誉权的行为。

【参考事例】

相互诋毁名誉 双方均承担侵权责任 2008 年 9 月下旬,篱笆论坛上一篇题为《婴儿奶粉出问题》的帖子引起某公司的注意,帖子的矛头直指这家公司的产品。据公司调查,这个帖子的发帖人是一个月前离职的员工崔小姐。公司随即在该论坛针对崔小姐的帖子发表声明,称崔小姐贪污公款被公司开除而心存不满,发帖恶意攻击公司。随该声明一同出现在论坛上的还有崔小姐的身份证和学历证信息。同年 10 月,崔小姐向上海市徐汇区法院递交诉状,两个月后公司以相同案由也提起诉讼。法院经审查认为,崔小姐发帖内容没有事实根据,有损公司形象,构成名誉权侵害。而公司称崔小姐因贪污公款被开除,与客观情况也不符,同样构成名誉权侵害。徐汇法院对此案作出一审判决,认定双方发帖内容均缺乏事实依据,判令双方连续 72 小时在篱笆论坛上互致道歉声明,并由公司赔偿离职员工精神损失费 5000 元。

(来源:新浪新闻)

【课外拓展】

备选 1.学生思考题:现实生活中我们可能会遇上一些可恶甚至可恨之人。那么,能不能因为他们可恶可恨,就随意贬损甚至谩骂他们?

备选 2.学生思考题:公民、法人享有名誉权(荣誉权),是不是意味着我们对于他们的不当或者不法行为就不能公开批评? 正当批评和侵害名誉,关键的区别在哪里,现实生活中我们又应当如何把握?

备选 3.学生活动:在新闻评论、微博、贴吧甚至微信等网络平台上,都有一些"喷子",专门"唱反调"甚至攻击他人。你如何看待这种现象,请从法治的角度进行分析。

示例 13　陈情表

【渗透契机】

人教版·高中语文必修5·《陈情表》。

作者"辞不就职",要求"先尽孝,后尽忠",为年事已高、卧床不起的祖母尽孝、送终。

【渗透内容】

★赡养老人、侍奉老人既是中国传统道德和家庭伦理的要求,今天也得到相关法律的支持和保障。

【教学建议】

在《陈情表》一课教学中,渗透点的选择应该着眼于整篇课文的主题和中心思想,而不应该从课文中的某一段话或某一个段落来挖掘渗透点,否则,可能会导致挖掘出来的渗透点破坏课文的意境,甚至偏离或背离课文的原意,让"法治渗透"显得不合时宜。

具体的教学建议为:教师在简要介绍作者有关背景和详细讲授赏析课文内容的基础上,在教学结束时的小结中,向学生提出"李密多次辞不就职,其主要原因是什么"的问题,让学生充分讨论交流后,教师再顺势总结:作者在《陈情表》中"辞不就职",要求"先尽孝,后尽忠",其中最重要的原因或理由是需要侍奉相依为命的祖母,为年事已高、卧床不起的祖母尽孝、送终。这既是中国传统道德和家庭伦理的要求,同时也切合当时朝廷标榜的"以孝治天下"治国策略。即使换在今天,作者这种侍奉老人、孝敬老人的想法和做法,依然值得肯定和倡导,并得到相关法律的支持和保障。这时,教师可适时在课件中展示《宪法》第四十九条、《婚姻法》第二十八条、《老年人权益保护法》第十三条至第十五条的有关内容。讲解中,教师可不提及具体的法律名称及条款,也不需要学生记录。通过本课教学的渗透,让学生知晓"侍奉老人、孝敬老人是既是家庭伦理要求,也是晚辈应尽的法律义务"即可。

【备教资料】

★《中华人民共和国宪法》

第四十九条 ……

父母有抚养教育未成年子女的义务,成年子女有赡养扶助父母的义务。

……

★《中华人民共和国婚姻法》

第二十一条第一款 父母对子女有抚养教育的义务;子女对父母有赡养扶助的义务。

第二十八条 有负担能力的祖父母、外祖父母,对于父母已经死亡或父母无力抚养的未成年的孙子女、外孙子女,有抚养的义务。有负担能力的孙子女、外孙子女,对于子女已经死亡或子女无力赡养的祖父母、外祖父母,有赡养的义务。

★《中华人民共和国老年人权益保护法》

第三条第一款 国家保障老年人依法享有的权益。

第七条第一款 保障老年人合法权益是全社会的共同责任。

第十三条 老年人养老以居家为基础,家庭成员应当尊重、关心和照料老年人。

第十四条 赡养人应当履行对老年人经济上供养、生活上照料和精神上慰藉的义务,照顾老年人的特殊需要。

赡养人是指老年人的子女以及其他依法负有赡养义务的人。

……

第十五条 赡养人应当使患病的老年人及时得到治疗和护理;对经济困难的老年人,应当提供医疗费用。

对生活不能自理的老年人,赡养人应当承担照料责任……

【参考事例】

事例1.孝顺孙媳辞职照顾96岁奶奶 "阿琴是个好孙媳!""隔了代还能这样孝顺老人,真的没见过!"邻居们纷纷开始说了起来。一位阿姨说,陆琴的公公婆婆已去世多年,老太太现在96岁了,以前身体还好,但从去年8月初开始忽然不吃不喝,卧床不起了,大家都以为老人不行了,可在陆琴的悉心照料下,老太太挺了过来。随后的日子里,又几次出现这种情况,但因为照料得好,老太太一直活到现在还很健朗。

为照顾老人,陆琴辞去了工作,晚上就睡在老人身边,每晚老人都会几次把床尿湿,陆琴也是毫无怨言给她换洗。有时老人大便出不来,陆琴也总是帮老人一点点抠出来。靠坐在床上的老太太忽然含糊地说要穿衣服,陆琴拿起床上的衣服,很熟练地给老人穿好,又把被子整理好。过了没多久,老人又说要喝水,陆琴马上倒了些果汁先放在床边,然后迅速爬上床,抱着老人躺平,再一点点喂给老太太喝,等老人喝完了,再把她抱坐起来。10来天前,老太太又不吃不喝了,现在好点,但还是不吃饭,她就给老太太喝果汁和米汤,有时喂一点西瓜和香蕉,也都要自己先嚼烂了再喂,要不然老太太也吃不下。邻居们说,老太太觉少,现在又常常白天睡,晚上睡不着,陆琴只好也这样,白天老人睡时,她就在边上的硬板床上躺一会,以便晚上能照顾好老人。陆琴就这样无怨无悔地悉心照料着96岁奶奶,成了小区里人人皆知的佳话。

(《扬子晚报》相关报道)

事例2.成年子女均有赡养年老父母的义务　原告唐某某出生于1924年8月,现年90岁。被告唐某甲、唐某乙、唐某丙、唐某丁、唐某戊等5人系原告唐某某的子女。原告与妻子郑某某现因年老而无劳动能力,每月仅享有200元老年补贴及50元移民费,无其他收入来源。但由于5子女之间就赡养事宜不能达成一致意见,致使原告及妻子郑某某的赡养事宜始终不能得到具体实现。为此,亭口村、天目山镇等部门多次协调,但都未有结果。故原告唐某某于2015年5月向法院起诉,要求唐某甲等5人履行赡养义务,每月支付赡养费1000元,共同承担原告医疗费等开支。

被告人唐某甲等5人分别提出如承担赡养责任,需父母名下的田地、确定赡养费用管理人等理由。浙江省临安市人民法院审理后认为:赡养老人是中华民族传统美德,也是法律规定子女应尽的义务。现原告唐某某年事已高,已丧失劳动能力,依法享有要求子女支付赡养费的权利,作为成年子女,不得以任何理由对赡养义务附加任何条件。原告要求五被告共同承担赡养费(包括今后的医疗费用)的诉讼请求,符合法律规定,本院予以支持。最后判决:自2015年5月起,被告唐某甲等5人每人每月各应支付原告唐某某生活费200元。

(2016年8月22日中国法院网)

【课外拓展】

备选1.作业:《老年人权益保护法》第十四条规定"赡养人应当履行对老年人经济上供养、生活上照料和精神上慰藉的义务,照顾老年人的特殊需要。"请试着解释并举例。

备选2. 学生思考题：古人云："忠孝难两全"。现实生活中我们也可能遇到尽忠（职）与尽孝发生矛盾的情况。如果遇到这种矛盾,应当如何解决? 法律在这方面又应该如何协调? 说一说你的看法。

备选3. 学生思考题：《兵役法》规定"现役军人,残疾军人,退出现役军人,烈士、因公牺牲、病故军人遗属,现役军人家属,应当受到社会的尊重,受到国家和社会的优待。"《国防法》规定"国家和社会优待现役军人家属,抚恤优待烈士家属和因公牺牲、病故军人的家属,在就业、住房、义务教育等方面给予照顾。"法律为什么要作此规定?

示例 14　小二黑结婚

【渗透契机】

人教版·高中语文·中国小说欣赏（选修）·《小二黑结婚》。

【第十节　恩典恩典】(区长)问："你给刘二黑收了个童养媳?"答："是!"问："今年几岁了?"答："属猪的,十二岁了。"区长说："女不过十五岁不能订婚,把人家退回娘家去,刘二黑已经跟于小芹订婚了!"二诸葛说："她只有个爹,也不知逃难逃到哪里去了,退也没处退。女不过十五不能订婚,那不过是官家规定,其实乡间七八岁订婚的多着哩。请区长恩典恩典就过去了……"区长说："凡是不合法的订婚,只要有一方面不愿意都得退!"二诸葛说："我这是两家情愿!"区长问小二黑道："刘二黑! 你愿意不愿意?"小二黑说："不愿意!"二诸葛的脾气又上来了,瞪了小二黑一眼道："由你啦?"区长道："给他订婚不由他,难道由你啦? 老汉! 如今是婚姻自主,由不得你了。……"

【第十一节　看看仙姑】把小芹叫来,区长说："你问问你闺女愿意不愿意!"三仙姑只听见院里人说："四十五""穿花鞋",羞得只顾擦汗,再也开不得口。……区长说："你不问我替你问! 于小芹,你娘给你找的婆家你愿意跟人家结婚不愿意?",小芹说："不愿意! 我知道人家是谁?"区长问三仙姑道："你听见了吧?"又给她讲了一会婚姻自主的法令,说小芹跟小二黑订婚完全合法,还吩咐她把吴家送来的钱和东西原封退了,让小芹跟小二黑结婚。

【渗透内容】

★法律保障婚姻自由。

★★最低结婚年龄法定。

【教学建议】

《小二黑结婚》一文中,可渗透的法治内容有 2 个,即婚姻自由和结婚年龄法定,且在课文中,不止一个地方可以开展渗透,如果对每个可以渗透的点都开展渗透,就会显得凌乱和重复。而且整篇课文就是围绕发生在"小二黑"和"小芹"身上的有关婚事展开叙述的,如果仅针对某个段落或某句话来设计渗透点,可能会偏离文章的主旨。故,应该站在课文的全局及当时的特定历史时期来设计和开展法治渗透工作。

具体的教学建议为:教师在简要介绍作者及本文写作背景和讲授赏析完课文内容的基础上,在教学结束时的小结中,适时向学生提出"区长为什么坚持要问小二黑、小芹对父母介绍的对象是不是知情和满意,并一再强调女不过十五岁不能订婚"这个问题,让学生自由讨论交流,而后教师顺势告知学生:婚姻自由是婚姻幸福的重要基础,中国共产党自成立以来,就坚决主张婚姻自由,反对包办婚姻及其他干涉婚姻自由的行为,并以法律的形式规定了暴力干涉婚姻自由违法和法定结婚年龄。在作者写作的那个时代,解放区的法定结婚年龄是女方须满 15 岁,所以,区长一再强调女不过十五岁不能订婚;目前,我国《婚姻法》规定的结婚年龄是女满 20 周岁,男满 22 周岁。教师在讲解时,可在课件中择机展示《婚姻法》第 3 条、第 6 条和《刑法》第 257 条的有关内容,但不需要学生记录,学生知晓法律保障婚姻自由和规定了最低的结婚年龄即可。

【备教资料】

★《中华人民共和国宪法》

第四十九条 ……禁止破坏婚姻自由……

★《中华人民共和国婚姻法》

第三条 禁止包办、买卖婚姻和其他干涉婚姻自由的行为。……

第五条 结婚必须男女双方完全自愿,不许任何一方对他方加以强迫或任何第三者加以干涉。

第六条 结婚年龄,男不得早于二十二周岁,女不得早于二十周岁。晚婚晚育应予鼓励。

第十条 有下列情形之一的,婚姻无效:

……

(四)未到法定婚龄的。

★《中华人民共和国刑法》

第二百五十七条 以暴力干涉他人婚姻自由的,处二年以下有期徒刑或拘役。

犯前款罪,致使被害人死亡的,处二年以上七年以下有期徒刑。

★暴力干涉婚姻自由罪,是指用暴力手段干涉他人结婚自由或离婚自由的行为。

【参考事例】

　　事例1.父亲暴力干涉儿子婚姻自由被判有罪 28岁的刁小军(男)与26岁的大学同学王芳(女)通过自由恋爱,已进入谈婚论嫁阶段。但刁小军之父刁某却以已经给刁小军找了对象为由,坚决反对这桩婚事。随后,刁某便开始留意刁小军的行动,如果他再和王芳来往,就不让刁小军回家吃饭睡觉。同时找到王芳,威胁她不再与自己儿子来往,还对王芳大肆辱骂。王芳羞愤难当,和刁小军商议分手。刁小军一方面面对父亲的压力,另一方面又面临与王芳分手的痛苦,他回家与父亲争执,刁某竟拿起木棍打他。刁小军受伤多处但又不敢还手,气愤之下,投河自杀,幸被人救起捡了一条命。但此后刁某仍然对刁小军的婚事横加干涉。刁小军无奈,在咨询律师后,到法院对其父提起起诉。法院审理后认定:刁某的行为构成暴力干涉婚姻自由罪。

　　　　　　　　　　　　　　　　　　　　　　　　　　　　　　(据有关材料整理)

　　事例2.受胁迫结婚　法院依法予以撤销婚姻关系 男子阿城,在婚恋网上遇见了自己的真爱,两人见面后感觉良好,便确立了恋爱关系。不久,这位叫小培的女孩,发现了男孩身上的很多恶习,渐渐产生了分手的念头,开始减少了与阿城的联系。但阿城却认为自己爱小培,小培只能和自己结婚,他有小培裸睡的照片,乃以"不结婚就散布照片,然后喝毒药"对小培进行威胁,小培不得不答应结婚。办完登记后,阿城在小培的要求下将手机中的裸照删除。后来,小培向梅州市梅江区法院提起诉讼,以受到胁迫为由请求撤销婚姻关系。庭审中,阿城承认自己所做的一切过于冲动,也认识到通过胁迫得来的婚姻,不但违法,也使两人心生芥蒂,自己唯一能做的就是放手。依照《婚姻法》第十一条规定,法院判决撤销阿城与小培的婚姻。

　　　　　　　　　　　　　　　　　　　　　　　　　　　　　　(据有关材料整理)

【课外拓展】

　　备选1.学生思考题: 随着"普法"的深入,很多人都知道干涉子女的婚姻自由违法。一些父母对子女的婚姻问题不满意,干预时不会来"硬的",往往采取说服、诱导等"软"办法。那么,到底哪些情形才属于干涉婚姻自由? 哪些情形才违法? 说一说你的观点(必要时请教专业人士)。

　　备选2.学生思考题: 某夫妻吵架后去民政部门办理离婚手续,工作人员本着"挽救一对算一对"的想法,没急着为他们办理手续,而是一再劝他们冷静思考这婚是不是一定要离。工作人员的做法对吗? 是否合法?

示例 15　兄弟阋墙

【渗透契机】

人教版·高中语文·中国小说欣赏(选修)·《兄弟阋墙》。

课文中有关何潘台买官卖官收取钱财的有关内容。

【渗透内容】

★买官卖官收取钱财犯受贿罪。

★★对犯受贿罪的,根据受贿所得数额及情节,分别依法处以拘役、有期徒刑、无期徒刑或者死刑,可并处罚金或者没收财产。

【教学建议】

《兄弟阋墙》一文中,何潘台兄弟俩因卖官分赃不均,上演了一场兄弟阋墙的闹剧。文章多处提及何潘台兄弟俩通过卖官,大肆收受贿赂和他人钱财,如果在小结中采取串讲的方式开展有关法治渗透,可显得比较自然、简洁。

具体教学建议为:教师在讲解完课文的基础上,小结时明确告知学生:何潘台兄弟阋墙的根本原因,在于分赃不均。这些不义之财,大多是何潘台兄弟俩通过卖官的方式,大肆收受贿赂和他人钱财得来的。何潘台的这种卖官敛财的行为,不论在古代,还是在今天,都是严重的违法犯罪行为。此时,教师应趁机在课件中展示《刑法》第三百八十五条、第三百八十六条和第三百八十三条的有关内容,但不需要学生记录。通过本课教学的渗透,让"学生知晓卖官敛财为国法所不容"即可。

【备教资料】

★《中华人民共和国刑法》

第三百八十三条　对犯贪污罪的,根据情节轻重,分别依照下列规定处罚:

（一）贪污数额较大或者有其他较重情节的，处三年以下有期徒刑或者拘役，并处罚金。

（二）贪污数额巨大或者有其他严重情节的，处三年以上十年以下有期徒刑，并处罚金或者没收财产。

（三）贪污数额特别巨大或者有其他特别严重情节的，处十年以上有期徒刑或者无期徒刑，并处罚金或者没收财产；数额特别巨大，并使国家和人民利益遭受特别重大损失的，处无期徒刑或者死刑，并处没收财产。

对多次贪污未经处理的，按照累计贪污数额处罚。

犯第一款罪，在提起公诉前如实供述自己罪行、真诚悔罪、积极退赃，避免、减少损害结果的发生，有第一项规定情形的，可以从轻、减轻或者免除处罚；有第二项、第三项规定情形的，可以从轻处罚。

犯第一款罪，有第三项规定情形被判处死刑缓期执行的，人民法院根据犯罪情节等情况可以同时决定在其死刑缓期执行二年期满依法减为无期徒刑后，终身监禁，不得减刑、假释。

第三百八十五条 国家工作人员利用职务上的便利，索取他人财物的，或者非法收受他人财物，为他人谋取利益的，是受贿罪。

国家工作人员在经济往来中，违反国家规定，收受各种名义的回扣、手续费，归个人所有的，以受贿论处。

第三百八十六条 对犯受贿罪的，根据受贿所得数额及情节，依照本法第三百八十三条的规定处罚。索贿的从重处罚。

第三百八十八条 国家工作人员利用本人职权或者地位形成的便利条件，通过其他国家工作人员职务上的行为，为请托人谋取不正当利益，索取请托人财物或者收受请托人财物的，以受贿论处。

……

【参考事例】

事例1.县委书记卖官收钱 被判13年 郑元盛在江西省广丰县担任县委书记期间，在短短3年多时间里，利用职权大肆受贿卖官，甚至"送多少钱，给多大官"，并公开索贿，累计收受下级及他人钱财14万多元，以致一个时期内花钱买官、升官，已成为广丰县官场上心照不宣的公开秘密。郑元盛受贿卖官的丑恶行径，严重败坏了党和政府的形象和声誉，违反了党的干部人事政策，干扰和削弱了干部队伍和领导班子建设，造成了十分恶劣的政治影响。1995年,郑元盛因犯受贿罪,被江西省高级人民法院判处有期徒刑13年。

(参见"广丰百事通")

事例2.国企贪官受贿3亿元　被判死缓并终身监禁　2016年10月21日,黑龙江龙煤矿业集团股份有限公司物资供应分公司负责人、原副总经理于铁义受贿案公开宣判。该案中于铁义受贿金额超过3亿元,犯罪时间持续数年,案情触目惊心。法院认定,于铁义利用手中的职权,收受财物折合人民币306809764.09元。于铁义因受贿罪一审被判处死刑,缓期二年执行,剥夺政治权利终身,并处没收个人全部财产。法院同时决定,在于铁义死刑缓期执行二年期满依法减为无期徒刑后,终身监禁,不得减刑、假释。

据记者调查,于铁义的贪腐手段多种多样,通过增加订单和采购数量、提高采购价格、及时支付货款等为供应商提供"帮助",以收取销售产品代理费、咨询费、购买车辆、投资入股等方式索取、收受供货商财物。一位知情人士说:"不给他送钱,价格上不去,货款要不回,有的供应商也是没有办法,他手太黑。"

于铁义身为国家工作人员,利用职务便利为他人谋取利益,非法索取、收受他人财物,其行为已构成受贿罪。而且,其受贿数额特别巨大,犯罪情节特别严重,社会影响特别恶劣,使国家和人民利益遭受特别重大损失,论罪应当判处死刑。但于铁义如实供述办案机关已掌握的部分受贿事实,主动交代办案机关尚未掌握的大部分受贿事实,检举揭发他人犯罪,具有立功表现,认罪悔罪,积极退赃,其亲友亦积极代其退缴赃款,受贿财物已基本缴回,故未判其死刑。

("新华视点"记者,《中国青年报》2016年10月27日)

【课外拓展】

备选1.学生活动:可收看中央纪委宣传部、中央电视台联合制作的专题片《永远在路上》片段,说一说观看后有哪些感悟。

备选2.学生思考题:《增广贤文》云"君子爱财,取之有道"。一般认为,"财"指财富,那么,"道"指什么? 如果古为今用的话,"道"和今天的法律、纪律、道德应该是什么关系?

示例16　城南旧事

【渗透契机】

人教版·高中语文·影视名作欣赏(选修)·《城南旧事》。

其中有个情节:路边一所凉亭里,冯大明在耍钱。远远地传来小栓子的呼喊声:爸爸,我饿了,爸爸,你在哪儿? 小栓子从远处奔来,到了冯大明跟前,冯大明瞪了他一眼说:给我滚,倒霉鬼! 小栓子哭泣着走了。他从地里捡了一截萝卜吃。他在过一座独木桥时,失足落水,被水冲走了。

【渗透内容】

★父母是未成年人的法定监护人。

★★父母对未成年人的人身安全具有法定的监护职责。

【教学建议】

在《城南旧事》一课中,对法治渗透点的挖掘,首先应当遵从全文的中心思想或作者本身在文中想要表达的意思,凡是与中心思想或作者本身在文中想要表达的意思相背离的法治因素,都应该予以排除,否则,就会让有关的法治渗透显得不合时宜、牵强附会。

具体教学建议为:教师在讲解到"小栓子"的死亡这一部分时,教师可提出"是什么原因导致小栓子死亡"的问题,让学生充分讨论交流后,教师再顺势、明确地告知学生:小栓子的父亲冯大明只顾耍钱,对小栓子饥饿一事置之不理,对其外出可能出现的安全问题没有引起重视并采取相应的保护措施,是导致小栓子最终"失足落水,被水冲走了"的直接原因。这起悲剧的发生,如果从今天依法治国的角度来看,作为小栓子法定监护人的父亲冯大明,没有很好地履行监护责任,导致小栓子死亡,根据我国现行法律规定,冯大明应对小栓子的死亡承担相应的法律责任。讲解时,教师可适时在课件中展示《民法通则》第十六条、第十八条的有关内容,但不需要学生记录。通过本课教学的渗透,让学生知晓"父母是未成年子女的监护人,父母对未成年子女的安全负有监护责任"即可。

【备教资料】

★ 《中华人民共和国民法通则》

第十六条第一款 未成年人的父母是未成年人的监护人。

第十八条第一款 监护人应当履行监护职责,保护被监护人的人身、财产及其他合法权益,除为被监护人的利益外,不得处理被监护人的财产。

【参考事例】

对小孩安全监护不到位 孩子受伤家长需担责 广西壮族自治区南宁市的李女士带2岁多儿子逛街,岂料小孩挣脱李女士的手,想跑到马路对面的超市,不幸被过往载客摩托车碾压腹部,造成多等级伤残。李女士后诉至法院,要求对方按交警责任认定,承担全部民事赔偿责任。2010年12月,法院对这起特殊道路交通事故人身损害赔偿作出一审判决,摩托车司机承担80%责任,李女士带小孩逛街没有履行谨慎注意的监护义务,也应该自担20%责任。

(中国法院网)

【课外拓展】

备选1.学生思考题:网上有"3岁女童翻窗坠楼身亡,事发时其母在打麻将"的新闻。如果新闻是真实的,这位母亲是否涉嫌违法?谈谈你的观点。

备选2.学生探究活动:什么是监护人? 是不是只有父母,才能担任监护人? 是不是只有未成年人,才有监护人?

示例 17　茶　馆

【渗透契机】

人教版·高中语文·中外戏剧名作欣赏(选修)·《茶馆》。

文中有两个情节:一是人贩刘麻子用十两银子,从康六那里把他十五岁的女儿康顺子买来,又转手以一百两银子的价格,卖给庞太监做老婆。二是被生活所迫的乡妇,想贱卖自己的幼女。

【渗透内容】

★拐卖人口是严重的犯罪行为。

★★父母贩卖自己的亲生子女也不为法所容。

★★★收买被拐卖的妇女、儿童的,也是犯罪行为。

【教学建议】

在本课教学中,有两个地方涉及买卖人口的问题,如果在教学过程中渗透法治教育,两个地方分开讲,会显得突兀、重复、啰嗦,破坏教学本身。但如果在教学结束时的小结中,采取分析串讲的方式进行讲授,则可以较好地解决前面提到的问题。

具体教学建议为:教师在小结时,可先引导让学生思考:课文中的人贩子刘麻子贩卖"康顺子","康六"卖女儿,"庞太监"买老婆,以及乡妇打算卖自己的幼女,他们的这种做法、想法,到底合不合法?让学生充分讨论后,教师再顺势总结并明确告知学生:我国早在 1000 多年前,就从法律上明确禁止买卖人口。当今社会,世界绝大多数国家将买卖人口列为重罪予以严厉打击。我国法律也规定,买卖人口,哪怕是卖自己的亲生子女,都属违法犯罪行为;我国《刑法》还专门对打击拐卖妇女儿童犯罪行为作出了明确规定,全国人大常委会还年专门作出了《关于严惩拐卖、绑架妇女、儿童的犯罪分子的决定》,国家公安部也专门成立了打拐办。教师在讲解时,可在课件中展示《妇女权益保障法》

第三十九条、《未成年人保护法》第四十一条和《刑法》第二百四十条和《全国人民代表大会常务委员会关于严惩拐卖、绑架妇女、儿童的犯罪分子的决定》的有关内容,但不需要学生记录。通过本课教学的渗透,让学生知晓"自古以来买卖人口就是违法犯罪行为,我国禁止和严厉打击各类买卖人口行为"即可。

【备教资料】

★ 《中华人民共和国刑法》

第二百四十条 拐卖妇女、儿童的,处五年以上十年以下有期徒刑,并处罚金;有下列情形之一的,处十年以上有期徒刑或者无期徒刑,并处罚金或没收财产;情节特别严重的,处死刑,并处没收财产。

(一)拐卖妇女、儿童集团的首要分子;

(二)拐卖妇女、儿童三人以上的;

(三)奸淫被拐卖的妇女的;

(四)诱骗、强迫被拐卖的妇女卖淫或者将被拐卖的妇女卖给其他人迫使其卖淫的;

(五)以出卖为目的,使用暴力、胁迫或者麻醉方法绑架妇女、儿童的;

(六)以出卖为目的,偷盗婴幼儿的;

(七)造成被拐卖的妇女、儿童或者其亲属重伤、死亡或者其他严重后果的;

(八)将妇女、儿童卖往境外的。

拐卖妇女、儿童罪:是指以出卖为目的,有拐骗、绑架、收买、贩卖、接送、中转妇女、儿童的行为之一的。

★ 《中华人民共和国妇女权益保障法》

第三十九条第一款 禁止拐卖、绑架妇女;禁止收买被拐卖、绑架的妇女;禁止阻碍解救被拐卖、绑架的妇女。

★ 《中华人民共和国未成年人保护法》

第四十一条 禁止拐卖、绑架、虐待未成年人……

……

【参考事例】

事例1.一起收买被拐妇女为其生子引起的刑事案件　被告人王尔民因妻子不能生育而欲收买妇女为其生子。2013年6月,王尔民以1万元从张正见、武仲廷(均系同案被告人,已判刑)处将被害人杨某(女,患有精神分裂症)收买回家。为防止杨某逃跑,王尔民将杨某关在家中杂物间,并用铁链锁住杨某的双脚,将杨某的一只手锁在一块大石头上。其间,王尔民多次与杨某发生性关系。同年7月12日,杨某被公安机关解救。

江苏省睢宁县人民法院经审理认为,王尔民收买被拐卖的妇女后非法限制其自由,明知该妇女患有精神病,还多次与其发生性关系,其行为分别构成收买被拐卖的妇女罪、非法拘禁罪和强奸罪,应依法并罚。依照刑法有关规定,对王尔民以收买被拐卖的妇女罪判处有期徒刑一年六个月;以非法拘禁罪判处有期徒刑二年六个月;以强奸罪判处有期徒刑七年,决定执行有期徒刑十年。

(中国法院网,2015年2月27日)

事例2.偷盗买卖儿童　被追刑责　2013年5月21日20时许,被告人李侠发现左某某带领孙子陈某某(不满2周岁)和孙女在河南省开封市祥符区世纪广场玩耍,遂趁左某某不注意时将陈某某盗走。后李侠冒充陈某某的母亲,在网上发帖欲收取5万元钱将陈某某"送养"。被告人孙泽伟看到消息后与李侠联系,于5月23日见面交易。在未对李侠及陈某某的身份关系进行核实的情况下,经讨价还价,孙泽伟付给李侠4万元钱,将陈某某带至山东省菏泽市曹县家中。公安机关破案后,已将陈某某解救送还亲属。

河南省开封市祥符区人民法院经审理认为,李侠以出卖为目的偷盗幼儿,其行为已构成拐卖儿童罪。孙泽伟收买被拐卖的儿童,其行为已构成收买被拐卖的儿童罪。依照刑法有关规定,以拐卖儿童罪判处被告人李侠有期徒刑十年,并处罚金人民币二万元;以收买被拐卖的儿童罪判处被告人孙泽伟有期徒刑七个月。

(中国法院网,2015年2月27日)

【课外拓展】

备选1.学生活动:查一查《刑法》,了解拐卖妇女、儿童罪的最高刑罚是死刑,还是无期徒刑。

备选 2.问题探究:某夫妻不能生育,很想有一个孩子。有人劝他们"捡"一个(弃婴),有人劝他们收养一个,还有人劝他们偷偷买一个。到底夫妻俩应该怎样做,才可能既满足愿望,又不违法?

(本编撰稿人:朱理章、欧阳宇星、吴淑杰、杨　玲、吴政富)

第二编　高中历史学科渗透法治教育契机、内容、方法示例

为方便教师备课,每个示例均列"渗透契机""渗透内容""教学建议""备教资料""参考事例""课外拓展"六个栏目,简要说明如下:

【**渗透契机**】介绍教材固有的、借此能够渗透法治内容的机会。渗透契机(渗透点)可能是教学内容中的某个名词术语、某段文字、某个知识点,也可能是课文的整体内容或教学的知识板块,还可能是教材中的图表、作业题等,通过它可以"借题发挥",顺其自然地引出法治内容。渗透契机还可以通过教学引申有意创设。

【**渗透内容**】介绍适合在相应的渗透契机中渗透的法治内容,用★标序。★的多少反映难度(复杂度)差异,或是反映内容的逻辑关系。教师可以根据学生认知能力情况和不同的教学实际,全部讲解或部分选讲。

【**教学建议**】主要介绍法治渗透的基本方法、内容、要求和注意事项等内容。供备课时参考。

【**备教资料**】包括法律法规、文件文章、领导讲话摘录及名词术语解释等内容。供教师备课时使用和参考。部分内容因篇幅较长,只列名称或标题。鉴于法律法规存在修订、废止等变动,教师引用时应查询最新规定。

【**参考事例**】教学素材和备课辅助资料。包括法治案例、媒体新闻、社会舆情等方面的内容。由于篇幅普遍较长,如作为教学素材使用,应当在保持原意的基础上适当压缩,以节省教学时间。

【**课外拓展**】课后作业题。建议布置给学有余力、愿意继续探究的学生,不建议面向全体学生作硬性要求。

示例1　郡县制的全面推行

【渗透契机】

人教版·必修1·第一单元　古代中国的政治制度·第2课·秦朝中央集权制度的形成·郡县制的全面推行。

【渗透内容】

★我国的行政区域,全国分为省、自治区、直辖市;以下分为自治州、县、自治县、市、区;再下分为乡、民族乡、镇。

★★各少数民族聚居的地方实行区域自治。自治区、自治州、自治县都是民族自治地方。各民族自治地方都是中华人民共和国不可分离的部分。

★★★国家在必要时得设立特别行政区。特别行政区是中华人民共和国不可分离的部分。

【教学建议】

老师在讲完郡县制的时候,可提问学生,我国现在的地方行政区划是怎样的。我国宪法规定了行政区划,全国划分为23个省、5个自治区、4个直辖市、香港特别行政区、澳门特别行政区,省、自治区、直辖市下面根据不同情况,又有不同划分,老师可通过PPT展示以下内容。

二级制:直辖市——区;

三级制:省、自治区、直辖市——县、自治县、市——乡、民族乡、镇;

四级制:省、自治区、直辖市——设区的市、自治州——县、自治县、市——乡、民族乡、镇。

因为地理学科会涉及相关内容,老师点到为止。

【备教资料】

★《中华人民共和国宪法》

序言　中华人民共和国是全国各族人民共同缔造的统一的多民族国家。

第四条 中华人民共和国各民族一律平等。……

各少数民族聚居的地方实行区域自治,设立自治机关,行使自治权。各民族自治地方都是中华人民共和国不可分离的部分。……

第五条 中华人民共和国实行依法治国,建设社会主义法治国家。

国家维护社会主义法制的统一和尊严。

一切法律、行政法规和地方性法规都不得同宪法相抵触。

第三十条 中华人民共和国的行政区域划分如下:

(一)全国分为省、自治区、直辖市;

(二)省、自治区分为自治州、县、自治县、市;

(三)县、自治县分为乡、民族乡、镇。

直辖市和较大的市分为区、县。自治州分为县、自治县、市。

自治区、自治州、自治县都是民族自治地方。

第三十一条 国家在必要时得设立特别行政区。在特别行政区内实行的制度按照具体情况由全国人民代表大会以法律规定。

第六十二条 全国人民代表大会行使下列职权:

……

(十二)批准省、自治区和直辖市的建置;

(十三)决定特别行政区的设立及其制度;……

第八十九条 国务院行使下列职权:

……

(十五)批准省、自治区、直辖市的区域划分,批准自治州、县、自治县、市的建置和区域划分;

……

★ **《中华人民共和国民族区域自治法》**

第二条 各少数民族聚居的地方实行区域自治。

民族自治地方分为自治区、自治州、自治县。

各民族自治地方都是中华人民共和国不可分离的部分。

第五条 民族自治地方的自治机关必须维护国家的统一,保证宪法和法律在本地方的遵守和执行。

★ **《中华人民共和国香港特别行政区基本法》**

第一条 香港特别行政区是中华人民共和国不可分离的部分。

第十二条　香港特别行政区是中华人民共和国的一个享有高度自治权的地方行政区域,直辖于中央人民政府。

★《中华人民共和国澳门特别行政区基本法》

(其原则与《香港特别行政区基本法》同,条文略)

【参考事例】

事例1.《全国人民代表大会关于设立香港特别行政区的决定》(1990年4月4日)

第七届全国人民代表大会第三次会议根据《中华人民共和国宪法》第三十一条和第六十二条第十三项的规定,决定:

一、自1997年7月1日起设立香港特别行政区。

二、香港特别行政区的区域包括香港岛、九龙半岛,以及所辖的岛屿和附近海域。香港特别行政区的行政区域图由国务院另行公布。

事例2.《全国人民代表大会关于批准设立重庆直辖市的决定》(1997年3月14日)

第八届全国人民代表大会第五次会议审议了国务院关于提请审议设立重庆直辖市的议案,决定:

一、批准设立重庆直辖市,撤销原重庆市。

二、重庆直辖市管辖原重庆市、万县市、涪陵市和黔江地区所辖行政区域。

三、重庆直辖市设立后,由国务院依据宪法和有关法律的规定,对其管辖的行政区域的建置和划分作相应的调整。

事例3.国务院批准设立地级三沙市

新华社北京6月21日电　民政部网站21日刊登《民政部关于国务院批准设立地级三沙市的公告》。国务院于近日批准,撤销海南省西沙群岛、南沙群岛、中沙群岛办事处,设立地级三沙市,管辖西沙群岛、中沙群岛、南沙群岛的岛礁及其海域。三沙市人民政府驻西沙永兴岛。

(均据2012年6月22日《人民日报》)

【课外拓展】

备选1.学生思考题:设立一个县,是由全国人大批准还是国务院批准?

备选2.学生思考题:你所在的省(直辖市、自治区)地方行政区划分为几级?

示例2　希腊文明的摇篮

【渗透契机】

人教版·必修1·第二单元　古代希腊罗马的政治制度·第5课　古代希腊民主政治·希腊文明的摇篮。

【渗透内容】

★"公民"的范围要大于"人民"的范围。

★★剔除落后的"臣民"意识,自觉树立现代"公民"意识。

★★★"加强公民意识教育,树立社会主义民主法治、自由平等、公平正义理念"是党的十七大提出的新要求。

【教学建议】

教师在讲授完"希腊文明的摇篮"时,结合教材中希腊"公民"的内容,告诉学生,在古希腊,只有父母祖籍均属本城邦,拥有一定财产,能自备武装服兵役的成年男子,经过庄重的仪式才能取得本城邦公民资格。在城邦中,拥有"公民"资格也意味着他们成为了城邦的主人。在他们的意识里,个人的安危荣辱与城邦的命运紧紧绑在了一起。因此,他们积极参与城邦的公共事务,拼死维护城邦的独立和自主,与城邦共存亡。古希腊这种朴素的"公民"观念是公民观念的原始形态,随着人类历史的发展,逐渐演变成今天的公民意识。顺势向学生简单介绍一下公民意识的内涵。

同时,教师告诉学生,在数千年的中国封建社会中,"普天之下,莫非王土,率土之滨,莫非王臣",君王驾驭天下,一国之内除了君王就是臣民,这种封建文化的遗存已积淀为一种文化心理,国人在日常生活中往往习惯于"依靠官府",凡事靠等、靠要,缺乏自我。可以说,中国只有臣民意识而缺失公民意识。所以,作为现代公民,大家一定要克服依附意识,剔除落后的臣民意识、草民意识,自主、自立、自强、自尊、自信。

【备教资料】

★ 《中华人民共和国宪法》

第二条　中华人民共和国的一切权力属于人民。

人民行使国家权力的机关是全国人民代表大会和地方各级人民代表大会。

人民依照法律规定,通过各种途径和形式,管理国家事务,管理经济和文化事业,管理社会事务。

第三十三条　凡具有中华人民共和国国籍的人都是中华人民共和国公民。

中华人民共和国公民在法律面前一律平等。

国家尊重和保障人权。

任何公民享有宪法和法律规定的权利,同时必须履行宪法和法律规定的义务。

第三十四条　中华人民共和国年满十八周岁的公民,不分民族、种族、性别、职业、家庭出身、宗教信仰、教育程度、财产状况、居住期限,都有选举权和被选举权;但是依照法律被剥夺政治权利的人除外。

★ 公民与人民

在我国,公民是法律概念,意指拥有中华人民共和国国籍的全体社会成员;人民是政治概念,包括工人、农民、知识分子以及其他一切拥护社会主义和拥护祖国统一的社会力量和爱国者,不包括破坏社会主义事业、破坏祖国统一的敌对分子和被依法剥夺政治权利的人。

★ 公民意识的基本内涵

公民意识简而言之就是指公民对自己在国家中的地位和作用的认识,具体表现在公民对国家的认同和归属感,关心和参与社会活动的意向,对权利和义务的认知等几个方面,包括国家主人意识、参与意识、权利意识、责任意识、法治意识。

(一)国家主人意识

在任何时候,公民都要认同国家和宪法,对国家有一种归属感和认同感,对国家保持忠诚、尽自己应尽的义务,时刻捍卫国家和国家利益。

(二)参与意识

公民的参与意识,主要是指公民要积极参加国家和社会活动,在参与中,切身体会自己的权利和义务,并逐渐形成理性的参与意识。

(三)权利意识

公民要敢于"为权利而斗争",为权利而斗争虽则看似维护个人利益,但实际上却可以极大地维护法律之权威;也因此,当个人权利受到侵犯时,要敢于积极维护自己的权益,因为唯有这样才能维护法律的权威。

(四)责任意识

公民责任是指公民要积极履行法定义务,在遇到有关国家政治和社会利益的问题时,必须自觉维护公共利益,而克服个别自我或本集团的利益与人际关系。

(五)法治意识

法治意识意味着公民要发自内心地对宪法和法律信仰与崇敬,把法律规定内化为行为准则,积极主动地遵守宪法和法律。

【参考事例】

最近,某省教育厅下发通知,严禁该省各级教育行政部门和中小学校向学生"不加选择地"全文推荐《弟子规》《三字经》《神童诗》等。担心"带有糟粕性的内容"会"扭曲了学生的价值观念,腐蚀了中小学生的心灵"。随之,另外一个省部分学校专门删节了《三字经》等经典文本,重编后再让学生学习。

出现这种情况,主要是因为这些典籍有个共同的缺点,就是强调"君父"对他统治下的子民、臣民的绝对权力。《弟子规》是清初李毓秀写的,这本小书就是讲怎么做弟子(儿子、兄弟,总之是在宗法网络中处在下位的人)的。在父子关系上,作者不讲是非,片面强调服从。《三字经》中虽然没有《弟子规》那么明显,但其中的"三纲者,君臣义,父子亲,夫妇顺"也是这一套。少年儿童初接受教育时仿佛白纸,此时用什么原料做底色很重要,难道孩子一接触文化,我们就要给他们的心灵笼罩上皇权专制的阴影?让他们从小立志只知绝对服从、没有丝毫个人意志与权利的子民、臣民?

《宪法》中一再强调"凡具有中华人民共和国国籍的人都是中华人民共和国公民"。什么叫公民?记得1954年中华人民共和国第一部宪法诞生时,我上初中,那时的政治课就是"宪法课"。而"宪法课"中最重要的,就是如何做"公民"。合格公民是能"自觉地尽到义务,享受权利"。这句话隔五十余年,我仍旧没有忘。

(据王学泰《做子民、臣民,还是做公民?》整理,《新京报》2011年1月9日)

【课外拓展】

　　备选1.学生思考题:A出生在英国,加入了我国国籍,他是不是我国公民?

　　备选2.学生思考题:在购物时买到不合格商品,有人自认倒霉,有人依法维权。作为一个公民,你认为应当怎么做?

示例3　罗马法的起源与发展

【渗透契机】

人教版·必修1·第二单元　古代希腊罗马的政治制度·第6课　罗马法的起源与发展·"从习惯法到成文法"中说罗马法用来调整罗马公民之间的关系。

【渗透内容】

★民法被称为社会生活的百科全书。

★★我国民法四大基本原则:平等原则、自愿原则、公平原则、诚实信用原则。

【教学建议】

本课所讲的罗马法,是欧洲历史上第一部比较系统完备的法律体系。教材说它用来调整罗马公民之间的关系,以后被汇编成《民法大全》;法国拿破仑时期编写《民法典》,就是以罗马法为蓝本的。这就出现了"民法"这一概念。讲到这些内容的时候,教师可以渗透一些关于民法的法治知识。告诉学生民法是与我们接触最频繁、联系最紧密的法律,在日常生活中商品买卖、租赁,订立合同,婚姻,继承等等一系列行为都是民事行为,都受民法调整,人从一出生到死亡都离不开民法,所以民法被称为"社会生活的百科全书"。教师要重点强调民法是调整社会平等成员之间的人身关系和财产关系的法律规范的总称,它不是指某一部法律;重点讲解我国民法的四大基本原则是平等、自愿、公平、诚实信用。

如果时间允许,教师可以告诉学生我国现在正在编纂民法典。编纂民法典不是制定全新的民事法律,而是对现行分别规定的民事法律规范进行科学整理,也不是简单的法律汇编,法律汇编不对法律进行修改,而法典编纂不仅要去除重复的规定,删繁就简,还要对已经不适应现实情况的现行规定进行必要的修改完善,对社会经济生活中出现的新情况、新问题作出有针对性的新规定。

【备教资料】

★ 《中华人民共和国民法通则》

第二条　中华人民共和国民法是调整平等主体的公民之间、法人之间、公民和法人之间的财产关系和人身关系。

第三条　当事人在民事活动中的地位平等。

第四条　民事活动应当遵循自愿、公平、等价有偿、诚实信用的原则。

★ "民法是生活的百科全书"

每个人从出生到死亡都离不开民法。一个人出生后就享有生命权、身体权、健康权、生存权、被抚育和监护权；到了六周岁，就享有受教育权；成年后就享有平等的就业权。工矿企业事业单位的职工在劳动其间享有获取劳动报酬权、休息权、休假权、安全卫生保护权、接受职业技能培训权、社会保险和福利权、提请劳动争议处理权、参加工会组织权、参加企业民主管理权；到了法定年龄，享有结婚权、生育权；年老体病时，享有退休权和病退权、医疗保险权；死亡前享有处分遗产的权利，处分自己遗体的权利。死后，其在生前已经取得的具体民事权利仍应受到法律保护，如著作权的期限为作者生前至死后五十年，他（她）的名誉权、肖像权不容侵犯。

每个人吃穿住行更离不开民法。买米买菜买点心，上饭店就餐等，都会发生买卖关系；请人做衣服，就与加工承揽人发生加工承揽关系；租房，与出租人发生租赁关系；乘车乘轮船乘飞机，就与承运人发生旅客运输关系，等等。

★ 民法基本原则

基本原则是民事主体从事民事活动和司法机关进行民事司法活动应当遵循的基本准则。

一是平等原则。民事主体的法律地位一律平等。平等原则是民事法律关系区别于行政法律关系、刑事法律关系特有的原则，也是发展社会主义市场经济的客观要求。

二是自愿原则。民事主体从事民事活动，应当遵循自愿原则，按照自己的意思设立、变更和终止民事关系。自愿原则体现了民事活动最基本的特征，其实质是民事主体根据自己的意愿从事民事活动，承担相应的法律后果。

三是公平原则。民事主体从事民事活动，应当遵循公平原则，合理确定各方的权利和义务。公平原则体现了民法促进社会公平正义的基本价值，对规范民事主体的行为发挥着重要作用。

四是诚实信用原则。民事主体从事民事活动,应当遵循诚实信用原则。诚实信用原则要求民事主体在行使权利、履行义务过程中,讲诚实重诺言守信用。这对建设诚信社会、规范经济秩序、引领社会风尚具有重要意义。

【参考事例】

《民法总则》的基本原则和法律适用规则

基本原则是民事主体从事民事活动和司法机关进行民事司法活动应当遵循的基本准则。草案在民法通则的基础上,适应经济社会的发展和民事活动的现实需要,对基本原则作了丰富和补充:一是平等原则。草案规定,民事主体的法律地位一律平等。平等原则是民事法律关系区别于行政法律关系、刑事法律关系特有的原则,也是发展社会主义市场经济的客观要求。二是自愿原则。草案规定,民事主体从事民事活动,应当遵循自愿原则,按照自己的意思设立、变更和终止民事关系。自愿原则体现了民事活动最基本的特征,其实质是民事主体根据自己的意愿从事民事活动,承担相应的法律后果。三是公平原则。草案规定,民事主体从事民事活动,应当遵循公平原则,合理确定各方的权利和义务。公平原则体现了民法促进社会公平正义的基本价值,对规范民事主体的行为发挥着重要作用。四是诚实信用原则。草案规定,民事主体从事民事活动,应当遵循诚实信用原则。诚实信用原则要求民事主体在行使权利、履行义务过程中,讲诚实重诺言守信用。这对建设诚信社会、规范经济秩序、引领社会风尚具有重要意义。

明确民事法律的适用规则,对于正确适用法律具有指导意义。草案作了以下规定:一是处理民事纠纷,应当依照法律规定;法律没有规定的,可以适用习惯,但不得违背公序良俗。民事关系十分复杂,对法律没有规定的事项,人民法院在一定条件下根据商业惯例或者民间习惯处理民事纠纷,有利于纠纷的解决。二是其他法律对民事关系另有特别规定的,依照其规定。民商事领域有些法律规定了民商事活动的特殊规则,既涉及民事法律关系,也涉及行政法律关系等,需要在民法总则中作衔接性规定。

(摘自:《关于〈中华人民共和国民法总则(草案)〉的说明》)

【课外拓展】

备选1.学生思考题:《民法总则》中未成年人的年龄标准与《民法通则》的规定有怎样的变化,思考一下是为什么?

备选2.学生活动:查阅《民法总则》的有关新闻报道,了解一下《民法总则》立法过程中所关注的主要问题。

示例 4　抗日战争

【渗透契机】

人教版·必修 1·第四单元　近代中国反侵略、求民主的潮流·第 16 课《抗日战争》。

【渗透内容】

★9 月 3 日确定为中国人民抗日战争胜利纪念日。每年 9 月 3 日国家举行纪念活动。

★★12 月 13 日是南京大屠杀死难者国家公祭日。每年 12 月 13 日国家举行公祭活动,悼念南京大屠杀死难者和所有在日本帝国主义侵华战争期间惨遭日本侵略者杀戮的死难者。

【教学建议】

从 1931 年九一八事变到 1945 年日本宣布投降,中华民族经历了 14 年艰苦卓绝的抗日战争。为了牢记历史,铭记中国人民反抗日本帝国主义侵略的艰苦卓绝的斗争,2014 年全国人大会常委会通过了《全国人民代表大会常务委员会关于确定中国人民抗日战争胜利纪念日的决定》将 9 月 3 日确定为中国人民抗日战争胜利纪念日;将 12 月 13 日确定为南京大屠杀死难者国家公祭日。建议教师在教学中,适时介绍全国人大常委会的这两个决定,告诉学生国家通过立法形式确立纪念日和公祭日,使我们中华民族纪念历史的行为上升到国家和法律层面,这些都在向国际社会表明中国是一个能够正确、理性对待历史问题的国家,表明中国人民坚决反对侵略战争、维护国家主权、领土完整和世界和平的坚定立场。

同时,向学生说明根据我国立法规定,全国人大及其常委会做出的具有规范性的决议、决定、规定、办法等,也属于法律范畴,具有法律强制力。

【备教资料】

★ 《全国人民代表大会常务委员会关于确定中国人民抗日战争胜利纪念日的决定》(2014 年 2 月 27 日第十二届全国人民代表大会常务委员会第七次会议通过)

中国人民抗日战争,是中国人民抵抗日本帝国主义侵略的正义战争,是世界反法西斯战争的重要组成部分,是近代以来中国反抗外敌入侵第一次取得完全胜利的民族解放战争。中国人民抗日战争的胜利,成为中华民族走向振兴的重大转折点,为实现民族独立和人民解放奠定了重要基础。中国人民为世界各国人民夺取反法西斯战争的胜利、争取世界和平的伟大事业作出了巨大贡献和民族牺牲。中华人民共和国成立后,中央人民政府政务院、国务院先后将 1945 年 9 月 2 日日本政府签署投降书的次日即 9 月 3 日设定为"九三抗战胜利纪念日"。为了牢记历史,铭记中国人民反抗日本帝国主义侵略的艰苦卓绝的斗争,缅怀在中国人民抗日战争中英勇献身的英烈和所有为中国人民抗日战争胜利作出贡献的人们,彰显中国人民抗日战争在世界反法西斯战争中的重要地位,表明中国人民坚决维护国家主权、领土完整和世界和平的坚定立场,弘扬以爱国主义为核心的伟大民族精神,激励全国各族人民为实现中华民族伟大复兴的中国梦而共同奋斗,第十二届全国人民代表大会常务委员会第七次会议决定:将 9 月 3 日确定为中国人民抗日战争胜利纪念日。每年 9 月 3 日国家举行纪念活动。

★ 《全国人民代表大会常务委员会关于设立南京大屠杀死难者国家公祭日的决定》(2014 年 2 月 27 日第十二届全国人民代表大会常务委员会第七次会议通过)

1937 年 12 月 13 日,侵华日军在中国南京开始对我同胞实施长达四十多天惨绝人寰的大屠杀,制造了震惊中外的南京大屠杀惨案,三十多万人惨遭杀戮。这是人类文明史上灭绝人性的法西斯暴行。这一公然违反国际法的残暴行径,铁证如山,早有历史结论和法律定论。为了悼念南京大屠杀死难者和所有在日本帝国主义侵华战争期间惨遭日本侵略者杀戮的死难者,揭露日本侵略者的战争罪行,牢记侵略战争给中国人民和世界人民造成的深重灾难,表明中国人民反对侵略战争、捍卫人类尊严、维护世界和平的坚定立场,第十二届全国人民代表大会常务委员会第七次会议决定:将 12 月 13 日设立为南京大屠杀死难者国家公祭日。每年 12 月 13 日国家举行公祭活动,悼念南京大屠杀死难者和所有在日本帝国主义侵华战争期间惨遭日本侵略者杀戮的死难者。

【参考事例】

　　国家公祭日各地举行悼念活动　12 月 13 日是南京大屠杀死难者国家公祭日,2016 年的这一天南京举行了多项悼念活动。当天 10 时许,南京大屠杀死难者国家公祭仪式在侵华日军南京大屠杀遇难同胞纪念馆举行,同时在南京抗日航空烈士纪念碑广场举行诗歌会,各界人士深切缅怀抗日航空先烈。下午,侵华日军南京大屠杀遇难同胞纪念馆"哭墙"前,来自中日两国的僧侣、南京宗教界人士及信众共 200 多名代表齐声诵经,举行悼念 30 万遇难同胞的"世界和平法会"。当晚,国际友人、港澳台同胞代表,以及南京各界群众代表等,在纪念馆祭奠广场点燃蜡烛,举行"烛光祭",寄托对遇难同胞的不尽哀思。当天在南京市 17 处南京大屠杀遇难同胞丛葬地、12 个社区和部分市级以上爱国主义教育基地同步举行了悼念仪式。

　　当日,哈尔滨侵华日军第七三一部队罪证陈列馆于上午 10 点在新馆冥思厅同步举行悼念活动。活动邀请了七三一部队受害者遗属代表、日本遗留化学武器受害者幸存者代表,通过齐声朗诵《和平宣言》、组织在受害者名单墙前敬献鲜花等方式来寄托哀思。当地学生代表、干部代表、各界爱国人士上百人参加了悼念。

　　13 日,香港特区政府在海防博物馆举行纪念仪式,悼念南京大屠杀和日本侵华战争中的死难者。上午 9 时,纪念仪式开始。主持人宣读祭文,随后全场默哀,表达哀思。

　　(人民网 – 人民日报,2016 年 12 月 14 日,姚雪青等的《国家公祭日各地举行多种悼念活动 庄严仪式 无尽哀思》)

【课外拓展】

　　备选 1.学生活动:每年 9 月 3 日是中国人民抗日战争胜利纪念日,12 月 13 日是南京大屠杀死难者国家公祭日,请尽可能参加当地的有关纪念活动。

　　备选 2.学生活动:观看电影《东京审判》,认真体会"东京审判是比战争本身更为深入的清算。因为它动用的不是军队,而是法律;它不仅仅着眼于当事人本身,更昭示着一代又一代的后人"这段话的意思。

示例5 人民代表大会制度的创立

【渗透契机】

人教版·必修1·第六单元 现代中国的政治建设与祖国统一·第20课 新中国的民主政治建设·人民代表大会制度的创立。

【渗透内容】

★人民通过民主选举,产生各级人大代表,由各级人大代表组成各级人民代表大会来统一行使国家权力。人民代表大会每届任期五年。

★★人民代表大会包括:全国人民代表大会;省、自治区、直辖市的人民代表大会;设区的市、自治州的人民代表大会;县、自治县、不设区的市、市辖区的人民代表大会;乡、民族乡、镇的人民代表大会。

★★★全国人民代表大会是最高国家权力机关,地方各级人民代表大会是地方国家权力机关。

【教学建议】

教师在讲解人民代表大会制度有关内容时,适时介绍人民代表大会制度的基本内涵:人民代表大会制度是根据国家的一切权力属于人民和民主集中制的原则,按照法律程序,由选民在民主选举的基础上产生各级人民代表大会代表,组成地方各级和全国人民代表大会,即国家权力机关,并由国家权力机关产生其他国家机关,行使国家权力的政权组织形式。告诉学生,人民代表大会有几级、全国和地方各级人民代表大会的任期等内容。

如果时间允许,教师可结合《宪法》第九十七条讲讲不同层级人民代表大会代表产生方式。

【备教资料】

★《中华人民共和国宪法》

第五十七条 中华人民共和国全国人民代表大会是最高国家权力机关。它的常设机关是全国人民代表大会常务委员会。

第五十八条 全国人民代表大会和全国人民代表大会常务委员会行使国家立法权。

第五十九条 全国人民代表大会由省、自治区、直辖市、特别行政区和军队选出的代表组成。各少数民族都应当有适当名额的代表。

全国人民代表大会代表的选举由全国人民代表大会常务委员会主持。

全国人民代表大会代表名额和代表产生办法由法律规定。

第六十条 全国人民代表大会每届任期五年。

第六十一条 全国人民代表大会会议每年举行一次,由全国人民代表大会常务委员会召集。如果全国人民代表大会常务委员会认为必要,或者有五分之一以上的全国人民代表大会代表提议,可以临时召集全国人民代表大会会议。

全国人民代表大会举行会议的时候,选举主席团主持会议。

第六十二条 全国人民代表大会行使下列职权:

(一)修改宪法;

(二)监督宪法的实施;

(三)制定和修改刑事、民事、国家机构的和其他的基本法律;

(四)选举中华人民共和国主席、副主席;

(五)根据中华人民共和国主席的提名,决定国务院总理的人选;根据国务院总理的提名,决定国务院副总理、国务委员、各部部长、各委员会主任、审计长、秘书长的人选;

(六)选举中央军事委员会主席;根据中央军事委员会主席的提名,决定中央军事委员会其他组成人员的人选;

(七)选举最高人民法院院长;

(八)选举最高人民检察院检察长;

(九)审查和批准国民经济和社会发展计划和计划执行情况的报告;

(十)审查和批准国家的预算和预算执行情况的报告;

(十一)改变或者撤销全国人民代表大会常务委员会不适当的决定;

(十二)批准省、自治区和直辖市的建置;

（十三）决定特别行政区的设立及其制度；

（十四）决定战争和和平的问题；

（十五）应当由最高国家权力机关行使的其他职权。

第九十六条 地方各级人民代表大会是地方国家权力机关。

县级以上的地方各级人民代表大会设立常务委员会。

第九十七条 省、直辖市、设区的市的人民代表大会代表由下一级的人民代表大会选举；县、不设区的市、市辖区、乡、民族乡、镇的人民代表大会代表由选民直接选举。

地方各级人民代表大会代表名额和代表产生办法由法律规定。

第九十八条 地方各级人民代表大会每届任期五年。

第九十九条 地方各级人民代表大会在本行政区域内，保证宪法、法律、行政法规的遵守和执行；依照法律规定的权限，通过和发布决议，审查和决定地方的经济建设、文化建设和公共事业建设的计划。

县级以上的地方各级人民代表大会审查和批准本行政区域内的国民经济和社会发展计划、预算以及它们的执行情况的报告；有权改变或者撤销本级人民代表大会常务委员会不适当的决定。

民族乡的人民代表大会可以依照法律规定的权限采取适合民族特点的具体措施。

第一百条 省、直辖市的人民代表大会和它们的常务委员会，在不同宪法、法律、行政法规相抵触的前提下，可以制定地方性法规，报全国人民代表大会常务委员会备案。

第一百零一条 地方各级人民代表大会分别选举并且有权罢免本级人民政府的省长和副省长、市长和副市长、县长和副县长、区长和副区长、乡长和副乡长、镇长和副镇长。

县级以上的地方各级人民代表大会选举并且有权罢免本级人民法院院长和本级人民检察院检察长。选出或者罢免人民检察院检察长，须报上级人民检察院检察长提请该级人民代表大会常务委员会批准。

【参考事例】

事例.《第十二届全国人民代表大会第四次会议议程》（2016 年 3 月 4 日第十二届全国人民代表大会第四次会议预备会议通过）

一、听取和审议国务院总理李克强关于政府工作的报告

二、审查和批准国民经济和社会发展第十三个五年规划纲要

三、审查和批准国务院关于 2015 年国民经济和社会发展计划执行情况与 2016 年国民经济和社会发展计划草案的报告

批准 2016 年国民经济和社会发展计划

四、审查和批准国务院关于 2015 年中央和地方预算执行情况与 2016 年中央和地方预算草案的报告

批准 2016 年中央预算

五、审议全国人民代表大会常务委员会关于提请审议《中华人民共和国慈善法(草案)》的议案

六、听取和审议全国人民代表大会常务委员会委员长张德江关于全国人民代表大会常务委员会工作的报告

七、听取和审议最高人民法院院长周强关于最高人民法院工作的报告

八、听取和审议最高人民检察院检察长曹建明关于最高人民检察院工作的报告

九、其他

(人民网)

【课外拓展】

备选 1.学生思考题:选举省级人民代表大会代表是由选民直接选举产生,还是由下一级人民代表大会选举产生?

备选 2.学生活动:跟家人聊聊选举的事,建议父母积极参加选民登记、积极参与选举投票。

示例 6　从计划经济到市场经济

【渗透契机】

人教版·必修 2·第四单元　中国特色社会主义建设的道路·第 12 课 从计划经济到市场经济·"经济体制改革"中论及多种所有制经济共同发展。

【渗透内容】

★国家在社会主义初级阶段,坚持公有制为主体、多种所有制经济共同发展的基本经济制度。

★★为维护各种所有制经济健康发展,国家建立了较为完备的法律体系。

【教学建议】

本课在"经济体制改革"一节中讲到:"在所有制上,变单一的公有制经济为以公有制经济为主体、多种所有制经济共同发展"。这一内容,可用有关法律,协同讲述。

首先是《宪法》第六条规定:"国家在社会主义初级阶段,坚持公有制为主体、多种所有制经济共同发展的基本经济制度"。这说明"以公有制经济为主体、多种所有制经济共同发展"并不是一般性的要求,而是宪法郑重规定的国家基本经济制度。由此,《宪法》又在第七、八、十一、十八诸条,分别对几种所有制经济的地位、性质或作用作了具体规定。这是"以公有制经济为主体、多种所有制经济共同发展"的最强有力的法律保障。

根据《宪法》这一精神,我国对各类不同所有制性质的企业,都制定了相应的法律。"备教资料"中选引了七部有关法律的若干条文,教师在教学中根据需要选择使用。

【备教资料】

★《中华人民共和国宪法》

第六条　中华人民共和国的社会主义经济制度的基础是生产资料的社会主义公有制,即全民所有制和劳动群众集体所有制。社会主义公有制消灭人剥削人的制度,实行各尽所能、按劳分配的原则。

国家在社会主义初级阶段,坚持公有制为主体、多种所有制经济共同发展的基本经济制度,坚持按劳分配为主体、多种分配方式并存的分配制度。

第七条　国有经济,即社会主义全民所有制经济,是国民经济中的主导力量。国家保障国有经济的巩固和发展。

第八条　农村集体经济组织实行家庭承包经营为基础、统分结合的双层经营体制。农村中的生产、供销、信用、消费等各种形式的合作经济,是社会主义劳动群众集体所有制经济。……

城镇中的手工业、工业、建筑业、运输业、商业、服务业等行业的各种形式的合作经济,都是社会主义劳动群众集体所有制经济。

国家保护城乡集体经济组织的合法的权利和利益,鼓励、指导和帮助集体经济的发展。

第十一条　在法律规定范围内的个体经济、私营经济等非公有制经济,是社会主义市场经济的重要组成部分。

国家保护个体经济、私营经济等非公有制经济的合法的权利和利益。国家鼓励、支持和引导非公有制经济的发展,并对非公有制经济依法实行监督和管理。

第十五条　国家实行社会主义市场经济。

国家加强经济立法,完善宏观调控。

……

第十八条第一款　中华人民共和国允许外国的企业和其他经济组织或者个人依照中华人民共和国法律的规定在中国投资,同中国的企业或者其他经济组织进行各种形式的经济合作。

★《中华人民共和国全民所有制工业企业法》

第二条　全民所有制工业企业(以下简称企业)是依法自主经营、自负盈亏、独立核算的社会主义商品生产和经营单位。

企业的财产属于全民所有,国家依照所有权和经营权分离的原则授予企业经营管理。企业对国家授予其经营管理的财产享有占有、使用和依法处分的权利。

……

第五条　企业必须遵守法律、法规,坚持社会主义方向。

第六条　企业必须有效地利用国家授予其经营管理的财产,实现资产增殖;依法缴纳税金、费用、利润。

第六十五条 本法的原则适用于全民所有制交通运输、邮电、地质勘探、建筑安装、商业、外贸、物资、农林、水利企业。

★ **《中华人民共和国个人独资企业法》**

第二条 本法所称个人独资企业,是指依照本法在中国境内设立,由一个自然人投资,财产为投资人个人所有,投资人以其个人财产对企业债务承担无限责任的经营实体。

第四条第一款 个人独资企业从事经营活动必须遵守法律、行政法规,遵守诚实信用原则,不得损害社会公共利益。

第五条 国家依法保护个人独资企业的财产和其他合法权益。

★ **《中华人民共和国合伙企业法》**

第二条第一款 本法所称合伙企业,是指自然人、法人和其他组织依照本法在中国境内设立的普通合伙企业和有限合伙企业。

第五条 订立合伙协议、设立合伙企业,应当遵循自愿、平等、公平、诚实信用原则。

第六条 合伙企业的生产经营所得和其他所得,按照国家有关税收规定,由合伙人分别缴纳所得税。

第七条 合伙企业及其合伙人必须遵守法律、行政法规,遵守社会公德、商业道德,承担社会责任。

第八条 合伙企业及其合伙人的合法财产及其权益受法律保护。

★ **《中华人民共和国外资企业法》**

第一条 为了扩大对外经济合作和技术交流,促进中国国民经济的发展,中华人民共和国允许外国的企业和其他经济组织或者个人(以下简称外国投资者)在中国境内举办外资企业,保护外资企业的合法权益。

第四条 外国投资者在中国境内的投资、获得的利润和其他合法权益,受中国法律保护。

外资企业必须遵守中国的法律、法规,不得损害中国的社会公共利益。

第十一条 外资企业依照经批准的章程进行经营管理活动,不受干涉。

★ **《中华人民共和国中外合资经营企业法》**

第一条 中华人民共和国为了扩大国际经济合作和技术交流,允许外国公司、企业和其它经济组织或个人(以下简称外国合营者),按照平等互利的原则,经中国政府批准,在中华人民共和国境内,同中国的公司、企业或其它经济组织(以下简称中国合营者)共同举办合营企业。

第二条　中国政府依法保护外国合营者按照经中国政府批准的协议、合同、章程在合营企业的投资、应分得的利润和其它合法权益。

合营企业的一切活动应遵守中华人民共和国法律、法规的规定。

……

★《中华人民共和国中外合作经营企业法》

第一条　为了扩大对外经济合作和技术交流,促进外国的企业和其他经济组织或者个人(以下简称外国合作者)按照平等互利的原则,同中华人民共和国的企业或者其他经济组织(以下简称中国合作者)在中国境内共同举办中外合作经营企业(以下简称合作企业),特制定本法。

第三条　国家依法保护合作企业和中外合作者的合法权益。

合作企业必须遵守中国的法律、法规,不得损害中国的社会公共利益。

……

★《中华人民共和国公司法》

第二条　本法所称公司是指依照本法在中国境内设立的有限责任公司和股份有限公司。

第三条第一款　公司是企业法人,有独立的法人财产,享有法人财产权。公司以其全部财产对公司的债务承担责任。

第四条　公司股东依法享有资产收益、参与重大决策和选择管理者等权利。

第五条　公司从事经营活动,必须遵守法律、行政法规,遵守社会公德、商业道德,诚实守信,接受政府和社会公众的监督,承担社会责任。

公司的合法权益受法律保护,不受侵犯。

【参考事例】

事例1.2016年8月25日上午,由全国工商联发布的"2016中国民营企业500强榜单"揭晓。华为控股有限公司以营收总额3590.09亿元排名第一,苏宁控股、山东魏桥集团分别以3502.88亿元、3332.38亿元分列二三位。去年的冠军——联想控股股份有限公司,则以3098.26亿元退居第四位。正威国际、大连万达、中国华信、恒力集团、江苏沙钢、万科,分列五至十位。

2016 中国民营 500 强企业营业收入总额达 161568.57 亿元,户均 323.14 亿元,增幅达 10.06%;资产总额明显增长,500 强资产总额为 173004.87 亿元,户均 346.01 亿元,增幅达 25.16%。

(据 mp.weixin.qq.com,2016 年 8 月 25 日长辉盛世财智俱乐部)

事例 2.来自商务部的统计资料显示,2003 年全国已设立外商投资企业总体运行良好,其工业增加值、出口额、税收等主要经济指标的增长幅度均高于全国平均水平,对国民经济持续快速健康发展的促进作用明显增强。

2003 年现存注册运营的约 23 万家外商投资企业(工业企业约 16 万家),实现工业增加值达 11174 亿元人民币,同比增长 20%,高于全国工业增加值增幅(17%)3 个百分点,占全国工业增加值(41045 亿元)的 27.22%,所占比重较上年提高 1.5 个百分点。出口额达 2403.41 亿美元,同比增长 41.43%,出口增加值 704.04 亿美元,占全国出口增加值(1128.05 亿美元)的 62%。

外商投资企业缴纳税收 4268 亿元人民币,同比增长 22.81%,占全国税收总额的比重达 20.86%。外商投资企业对外依存度明显高于其他类型企业,出口值占其工业产值的 45.85%,高于其他类型企业出口所占比重 29.16 个百分点。

(《中国经济时报》2004 年 10 月 20 日)

【课外拓展】

备选 1.学生思考题:个人独资企业需不需要设立董事会?

备选 2.学生思考题:请认真比较一下,中外合资企业和中外合作企业有什么不同?

示例7　互联网的兴起

【渗透契机】

人教版·必修2·第五单元　中国近现代社会生活的变迁·第16课 大众传媒的变迁·互联网的兴起。

【渗透内容】

★国家保护公民依法使用网络的权利。使用网络应当遵守宪法法律,尊重社会公德。

★★在网上散布捏造的、带有诽谤和侮辱他人性质的不实信息,会构成违法犯罪。

【教学建议】

教师在讲到"互联网不仅改变了人们的生活方式,也改变着人们的生产、学习、娱乐方式,与日常生活的关系日益密切"有关内容时,顺势告诉学生,互联网是把双刃剑,在带给我们便利的同时,网络暴力、网络犯罪等行为又侵害着我们的权利。作为"网民",我们在使用互联网技术时,有义务遵守网络道德、维护网络安全。在此时,建议教师渗透两项内容,一是结合《网络安全法》简述国家保护公民依法使用网络的权利,但公民使用网络应当遵守宪法法律,尊重社会公德。二是以最高法、最高检的司法解释,具体说明利用信息网络侮辱、诽谤他人,会构成违法犯罪。总之,让学生认识到,网络并不是一个法外世界,也要守法、用法。如时间许可,教师还可联系学生们玩 QQ、微信朋友圈、微博等发布及传播信息的情况,以实例促使他们使用互联网时规范自己的行为。

"备教资料"中选录了有关法律的若干条文,供教师参考,但不必也不可能都给学生讲。教师可选用几条,向学生扼要介绍其内容,让学生了解其意义即可。

【备教资料】

★《中华人民共和国网络安全法》

第六条　国家倡导诚实守信、健康文明的网络行为,推动传播社会主义核心价值观,采取措施提高全社会的网络安全意识和水平,形成全社会共同参与促进网络安全的良好环境。

第十二条 国家保护公民、法人和其他组织依法使用网络的权利,促进网络接入普及,提升网络服务水平,为社会提供安全、便利的网络服务,保障网络信息依法有序自由流动。

任何个人和组织使用网络应当遵守宪法法律,遵守公共秩序,尊重社会公德,不得危害网络安全,不得利用网络从事危害国家安全、荣誉和利益,煽动颠覆国家政权、推翻社会主义制度,煽动分裂国家、破坏国家统一,宣扬恐怖主义、极端主义,宣扬民族仇恨、民族歧视,传播暴力、淫秽色情信息,编造、传播虚假信息扰乱经济秩序和社会秩序,以及侵害他人名誉、隐私、知识产权和其他合法权益等活动。

第七十四条 违反本法规定,给他人造成损害的,依法承担民事责任。

违反本法规定,构成违反治安管理行为的,依法给予治安管理处罚;构成犯罪的,依法追究刑事责任。

★ **《最高人民法院 最高人民检察院〈关于办理利用信息网络实施诽谤等刑事案件适用法律若干问题的解释〉》**

第一条 具有下列情形之一的,应当认定为刑法第二百四十六条第一款规定的"捏造事实诽谤他人":

(一)捏造损害他人名誉的事实,在信息网络上散布,或者组织、指使人员在信息网络上散布的;

(二)将信息网络上涉及他人的原始信息内容篡改为损害他人名誉的事实,在信息网络上散布,或者组织、指使人员在信息网络上散布的;

明知是捏造的损害他人名誉的事实,在信息网络上散布,情节恶劣的,以"捏造事实诽谤他人"论。

第二条 利用信息网络诽谤他人,具有下列情形之一的,应当认定为刑法第二百四十六条第一款规定的"情节严重":

(一)同一诽谤信息实际被点击、浏览次数达到五千次以上,或者被转发次数达到五百次以上的;

(二)造成被害人或者其近亲属精神失常、自残、自杀等严重后果的;

(三)二年内曾因诽谤受过行政处罚,又诽谤他人的;

(四)其他情节严重的情形。

第三条　利用信息网络诽谤他人,具有下列情形之一的,应当认定为刑法第二百四十六条第二款规定的"严重危害社会秩序和国家利益":

(一)引发群体性事件的;

(二)引发公共秩序混乱的;

(三)引发民族、宗教冲突的;

(四)诽谤多人,造成恶劣社会影响的;

(五)损害国家形象,严重危害国家利益的;

(六)造成恶劣国际影响的;

(七)其他严重危害社会秩序和国家利益的情形。

第五条　利用信息网络辱骂、恐吓他人,情节恶劣,破坏社会秩序的,依照刑法第二百九十三条第一款第(二)项的规定,以寻衅滋事罪定罪处罚。

编造虚假信息,或者明知是编造的虚假信息,在信息网络上散布,或者组织、指使人员在信息网络上散布,起哄闹事,造成公共秩序严重混乱的,依照刑法第二百九十三条第一款第(四)项的规定,以寻衅滋事罪定罪处罚。

【参考事例】

网络造谣受法律制裁　警方查明,傅某是上海雷波信息技术有限公司董事长兼法人代表。2013年5月,上海市某室内设计装饰有限公司法人代表黄某意外死亡。傅某与黄某因经济纠纷素有积怨,一直耿耿于怀,伺机进行报复。傅自认为当地公安机关认定排除他杀、系意外死亡的结论"太仓促",有许多"疑点"可以做文章,自感抓到了一个良机。他要编造一个故事,把黄某意外死亡和最能吸引公众眼球、引发"轰动效应"的"官员贪腐""谋杀"等题材结合起来,这样既能搞臭黄某,也可攻击政府和司法机关。于是他在网上搜索并迅速"锁定"黄某公司所在地某副区长、公安分局长为攻击目标,像导演大片一样,编造了所谓《"情妇"举报副区长、公安分局长》帖文发布到网上,称其"贪污受贿20多亿、拥有60多处房产、包养10多名情妇,并杀害企业家黄某"。该谣言迅速被境内外网站、微博大量转载、评论,网民点击量逾千万次,造成了恶劣的社会影响。

警方还查明,轰动一时的中石化"非洲牛郎门"事件也是傅某精心策划、恶意编造的谣言。2012年12月底,傅某因参与中石化某项目招标失利心怀不满,为泄愤报复,把矛头对准了中石化。他花数天时间炮制并在网上发布《俄罗斯艳女门续集:中石化再曝非洲牛郎门》的造谣诽谤网帖,称"中标的公司利用'非洲牛郎'对中石化负责招标工作的一名女处长实施性贿赂,才得以中标并获利40万美金"。为达到"轰动效应",傅还专门花数千元雇佣了网络水军进行转载顶贴、恶意炒作。该网帖迅速成为网络热帖,三天内百度搜索相关信息达11万余条,严重损害企业形象,尤其对当事人及家庭造成了巨大的伤害。

上海市闸北区人民法院于2014年11月对被告人傅某涉嫌诽谤罪一案公开开庭审理,依法以诽谤罪判处被告人傅某有期徒刑二年九个月。

(据网络资料整理)

【课外拓展】

备选1. 学生思考题:请想一想,个人利用网络发布不实的天气预报、灾情信息等有什么危害?

备选2. 学生活动:在互联网上搜一搜,找一两个关于散布网络"谣言"的案件研究一下。

示例8　建立"福利国家"

【渗透契机】

人教版·必修2·第六单元　世界资本主义经济政策的调整·第19课 战后资本主义的新变化·建立"福利国家"。

【渗透内容】

★国家建立基本养老保险、基本医疗保险、工伤保险、失业保险、生育保险等社会保险制度,保障公民在年老、疾病、工伤、失业、生育等情况下依法从国家和社会获得物质帮助的权利。

★★社会保险制度坚持广覆盖、保基本、多层次、可持续的方针,社会保险水平应当与经济社会发展水平相适应。社会保险的保障对象,除职工外,还有城镇居民、农民等各类群体。

【教学建议】

教师可先从上一课谈起:作为解救经济危机的一项措施,罗斯福在新政中颁布了"社会保险法",为失业者和老年人提供了救济金和养老金。再讲述本课:"二战"后,西方主要资本主义国家为减少因贫困引发的社会问题,逐步建立医疗、养老、失业等社会保险。然后归纳:以上各类保险的出台,尽管其直接目的不同,但都有利于保障公民的基本生活需求,有利于社会稳定,体现了人类文明的进步。

在此可对社会保险作一概括性介绍:社会保险是指国家通过立法建立的一种社会保障制度,目的是使劳动者因年老、失业、患病、工伤、生育而减少或丧失劳动收入时,能从社会获得经济补偿和物质帮助,以保障基本生活。社会保险以经济保障为前提。国家的社会保险制度有强制性、社会性和福利性这三个特点。

接着告诉学生,我们国家通过立法推进各项社会保险制度的建立和完善。我国的社会保险有养老保险、失业保险、医疗保险、工伤保险和生育保险。养老保险、医疗保险、失业保险由职工个人和用人单位共同缴纳保险费,工伤保险、生育保险则由用人单位缴纳保险费。社会保险的保障对象是全体劳动者,不仅有单位员工,而且覆盖其他就业人员、城镇居民、农民各类群体。

教师在这里有必要给学生说明一下社会保险与商业保险的不同:社会保险是由国家强制实施的,不以盈利为目的的,为社会成员提供必要的基本保障的保险制度,资金由国家、企业、个人三方面承担;商业保险是个人自愿行为,由个人向保险企业自行购买,资金由购买者承担。

【备教资料】

★《中华人民共和国宪法》

第四十四条 国家依照法律规定实行企业事业组织的职工和国家机关工作人员的退休制度。退休人员的生活受到国家和社会的保障。

第四十五条第一款 中华人民共和国公民在年老、疾病或者丧失劳动能力的情况下,有从国家和社会获得物质帮助的权利。国家发展为公民享受这些权利所需要的社会保险、社会救济和医疗卫生事业。

★《中华人民共和国劳动法》

第五条 国家采取各种措施,促进劳动就业,发展职业教育,制定劳动标准,调节社会收入,完善社会保险,协调劳动关系,逐步提高劳动者的生活水平。

★《中华人民共和国社会保险法》

第二条 国家建立基本养老保险、基本医疗保险、工伤保险、失业保险、生育保险等社会保险制度,保障公民在年老、疾病、工伤、失业、生育等情况下依法从国家和社会获得物质帮助的权利。

第三条 社会保险制度坚持广覆盖、保基本、多层次、可持续的方针,社会保险水平应当与经济社会发展水平相适应。

第十条 职工应当参加基本养老保险,由用人单位和职工共同缴纳基本养老保险费。

无雇工的个体工商户、未在用人单位参加基本养老保险的非全日制从业人员以及其他灵活就业人员可以参加基本养老保险,由个人缴纳基本养老保险费。

……

第二十条第一款　国家建立和完善新型农村社会养老保险制度。

第二十二条　国家建立和完善城镇居民社会养老保险制度。……

第二十三条　职工应当参加职工基本医疗保险,由用人单位和职工按照国家规定共同缴纳基本医疗保险费。

无雇工的个体工商户、未在用人单位参加职工基本医疗保险的非全日制从业人员以及其他灵活就业人员可以参加职工基本医疗保险,由个人按照国家规定缴纳基本医疗保险费。

第二十四条第一款　国家建立和完善新型农村合作医疗制度。

第二十五条第一款　国家建立和完善城镇居民基本医疗保险制度。

第三十三条　职工应当参加工伤保险,由用人单位缴纳工伤保险费,职工不缴纳工伤保险费。

第四十四条　职工应当参加失业保险,由用人单位和职工按照国家规定共同缴纳失业保险费。

第五十三条　职工应当参加生育保险,由用人单位按照国家规定缴纳生育保险费,职工不缴纳生育保险费。

【参考事例】

　　我国社会保障成效获国际认可　国际社会保障协会日前在其于巴拿马举行的第三十二届全球大会期间,将"社会保障杰出成就奖"(2014—2016)授予中华人民共和国政府,以表彰中国近年来在扩大社会保障覆盖面工作中取得的卓越成就。

"国际社会保障协会社会保障杰出成就奖"是对某一个国家在社会保障方面做出的非凡承诺和杰出成就的世界性认可。今年6月,国际社会保障协会曾致信习近平主席,认为在过去的十年里,中国凭借强有力的政治承诺和诸多重大的管理创新,在社会保障扩面工作方面取得了举世无双的成就。

巴拿马时间11月17日,人社部部长尹蔚民代表中国政府接受了这个奖项。颁奖典礼上,尹蔚民与世界各国同行分享了社保扩面的中国经验。他介绍说,中国政府高度重视社会保障工作,经过30多年的发展,统筹城乡的中国特色社会保障体系框架已基本建立。目前,五大险种参保人数分别为:养老保险8.7亿人、医疗保险超过13亿人、工伤保险2.16亿人、失业保险1.78亿人、生育保险1.82亿人。

国际社会保障协会秘书长康克乐伍斯基说,如果不算中国,全世界社保覆盖面只有

50%,算上中国就达到61%,中国对世界社会保障的贡献是巨大的,为其他国家做出表率。

（据2016年11月19日《人民日报》）

【课外拓展】

备选1.学生思考题:我们平时购买的意外伤害保险是不是社会保险?

备选2.学生活动:请你调查一下自己家庭人员参与和享有社会保险的情况,以切身实际感受社会保险制度的意义。

示例 9 除旧布新的梭伦改革

【渗透契机】

人教版·选修 1·第一单元　梭伦改革·第 2 课 除旧布新的梭伦改革·"颁布'解负令'"中关于遗嘱法的内容。

【渗透内容】

★继承有法定继承、遗嘱继承两种。有遗嘱的,按遗嘱继承;没有遗嘱的,按法定继承。

★★法律保护公民继承权。

【教学建议】

教师在讲到梭伦制定了"遗嘱法"的内容时,告诉学生,在我国关于遗产继承也有一部专门的法律《继承法》。在该法中,规定继承有法定继承、遗嘱继承两种,有遗嘱就按遗嘱继承。教师结合第七、十、二十二条,重点介绍继承权丧失、法定继承顺序、无效遗嘱等内容,并告诉学生依法继承的遗产受法律保护。

【备教资料】

★《中华人民共和国宪法》

第十三条　公民的合法的私有财产不受侵犯。

国家依照法律规定保护公民的私有财产权和继承权。

……

★《中华人民共和国民法通则》

第七十六条　公民依法享有财产继承权。

★《中华人民共和国继承法》

第二条　继承从被继承人死亡时开始。

第三条　遗产是公民死亡时遗留的个人合法财产,包括:

(一)公民的收入;

(二)公民的房屋、储蓄和生活用品;

(三)公民的林木、牲畜和家禽;

(四)公民的文物、图书资料;

(五)法律允许公民所有的生产资料;

(六)公民的著作权、专利权中的财产权利;

(七)公民的其他合法财产。

第五条　继承开始后,按照法定继承办理;有遗嘱的,按照遗嘱继承或者遗赠办理;有遗赠扶养协议的,按照协议办理。

第七条　继承人有下列行为之一的,丧失继承权:

(一)故意杀害被继承人的;

(二)为争夺遗产而杀害其他继承人的;

(三)遗弃被继承人的,或者虐待被继承人情节严重的;

(四)伪造、篡改或者销毁遗嘱,情节严重的。

第十条　遗产按照下列顺序继承:

第一顺序:配偶、子女、父母。

第二顺序:兄弟姐妹、祖父母、外祖父母。

继承开始后,由第一顺序继承人继承,第二顺序继承人不继承。没有第一顺序继承人继承的,由第二顺序继承人继承。

本法所说的子女,包括婚生子女、非婚生子女、养子女和有扶养关系的继子女。

本法所说的父母,包括生父母、养父母和有扶养关系的继父母。

本法所说的兄弟姐妹,包括同父母的兄弟姐妹、同父异母或者同母异父的兄弟姐妹、养兄弟姐妹、有扶养关系的继兄弟姐妹。

第十二条　丧偶儿媳对公、婆,丧偶女婿对岳父、岳母,尽了主要赡养义务的,作为第一顺序继承人。

第十六条　公民可以依照本法规定立遗嘱处分个人财产,并可以指定遗嘱执行人。

公民可以立遗嘱将个人财产指定由法定继承人的一人或者数人继承。

公民可以立遗嘱将个人财产赠给国家、集体或者法定继承人以外的人。

第十七条　公证遗嘱由遗嘱人经公证机关办理。

自书遗嘱由遗嘱人亲笔书写,签名,注明年、月、日。

代书遗嘱应当有两个以上见证人在场见证,由其中一人代书,注明年、月、日,并由代书人、其他见证人和遗嘱人签名。

以录音形式立的遗嘱,应当有两个以上见证人在场见证。

遗嘱人在危急情况下,可以立口头遗嘱。口头遗嘱应当有两个以上见证人在场见证。危急情况解除后,遗嘱人能够用书面或者录音形式立遗嘱的,所立的口头遗嘱无效。

第十九条 遗嘱应当对缺乏劳动能力又没有生活来源的继承人保留必要的遗产份额。

第二十条 遗嘱人可以撤销、变更自己所立的遗嘱。

立有数份遗嘱,内容相抵触的,以最后的遗嘱为准。

自书、代书、录音、口头遗嘱,不得撤销、变更公证遗嘱。

第二十二条 无行为能力人或者限制行为能力人所立的遗嘱无效。

遗嘱必须表示遗嘱人的真实意思,受胁迫、欺骗所立的遗嘱无效。

伪造的遗嘱无效。

遗嘱被篡改的,篡改的内容无效。

【参考事例】

事例1.沈某代书遗嘱获法院支持 被继承人叶某某与丈夫沈某共育子女六人,他们有一套房屋,沈某已去世,房产登记的权利人为叶某某。2010年8月被继承人叶某某立下代书遗嘱一份,表示被继承人去世后由其子沈甲继承该房屋。2012年7月26日,被继承人去世。因协商未果,沈甲起诉至法院要求判令其依法继承该房屋。法院认为,公民可以立遗嘱将个人财产指定由法定继承人的一人或数人继承。代书遗嘱应当有两个以上见证人在场见证,由其中一人代书,注明年、月、日,并由代书人、其他见证人和遗嘱人签名。根据原告提供的遗嘱,被继承人叶某某生前已立下遗嘱将其所有的房屋由原告继承,此系被继承人对其财产权利的处分,意思表示真实,遗嘱合法有效,法院予以确认。

(中国裁判文书网)

事例2.王某篡改遗嘱被判决无效 王大鹏和王小鹏是一对亲兄弟。2012年9月,他们的父亲王庆学因病去世。王庆学在住院期间亲手写了一份遗嘱,因王小鹏在外地某大学读书,王庆学在去世前就将遗嘱交给了王大鹏。而王大鹏利用自己保管遗嘱的便利,篡改了遗嘱的部分内容。在分割遗产时,王小鹏对这份遗嘱的真实性表示了怀疑,于是提出要对遗嘱进行技术鉴定。经过有关部门鉴定,证明部分文字曾被篡改过,王小鹏坚持认为王大鹏持有的这份遗嘱无效,要求不按照遗嘱对遗产进行分割。司法所工作人员解释说,依据我国《继承法》规定:"遗嘱被篡改的,篡改的内容无效。"因此,王庆学所立的遗嘱被王大鹏所篡改的部分是无效的,没有被篡改的遗嘱部分则仍然有效,分割遗产时应按遗嘱进行。

(中国裁判文书网)

【课外拓展】

备选1.学生思考题:李爷爷生前立下遗嘱将他名下的一套房产赠与了一直照顾他的齐某。李爷爷去世后,他的儿子不承认李爷爷的遗嘱,诉讼至法院。如果你是法官,你会把这套房产判给谁? 为什么?

备选2.学生思考题:我国《继承法》很重视继承人对被继承人履行赡养或扶养义务的状况。请你找出有关条款,并想一想为什么。

示例 10　王安石变法

【渗透契机】

人教版·选修 1·第四单元　王安石变法·关于方田均税法的内容。

【渗透内容】

★公民有依照法律纳税的义务。纳税人必须依照法律、行政法规的规定缴纳税款。偷税或抗税要受法律制裁。

★★税收的开征、停征以及减税、免税、退税、补税,必须依照法律或行政法规的规定执行。

【教学建议】

本单元专讲王安石变法,关于其中的"方田均税法",教材说,它是按照土地的多少和肥瘠收取赋税,官僚、地主也不例外;又说变法的结果,政府的财政收入大幅度上升。这两点一定程度上体现了税收的性质,建议与今日税收相联系,渗透相关法治知识。一是公民必须依法纳税,二是政府应当依法征税。关于前者,《宪法》明确要求:"公民有依照法律纳税的义务";《税收征收管理法》则有具体规定。偷税或抗税,未构成犯罪的,由税务机关给以罚款等制裁;构成犯罪的,依法追究刑事责任。关于后者,《税收征收管理法》明确,税收的开征、停征以及减税、免税、退税、补税,必须依照法律或法律授权国务院制定的行政法规的规定执行;《立法法》更从立法高度规定:税种的设立、税率的确定和税收征收管理等税收基本制度只能制定法律,尚未制定法律的须经授权后由国务院制定行政法规。总之,一个"法"字,管着"纳""征"两个方面,这就是税收与法律的关系。把这个关系讲明白,也就渗透了我国税法的若干内容。

"备教资料"中的法律条文是供教师参考的,教师可选当选用、略讲。如教学时间不够,按上述教学建议讲解也可,上述教学建议实际上已包括了主要法律条文的内容。

【备教资料】

★《中华人民共和国宪法》

第五十六条　中华人民共和国公民有依照法律纳税的义务。

★《中华人民共和国立法法》

第八条　下列事项只能制定法律：

……

（六）税种的设立、税率的确定和税收征收管理等税收基本制度；

……

第九条　本法第八条规定的事项尚未制定法律的，全国人民代表大会及其常务委员会有权作出决定，授权国务院可以根据实际需要，对其中的部分事项先制定行政法规，但是有关犯罪和刑罚、对公民政治权利的剥夺和限制人身自由的强制措施和处罚、司法制度等事项除外。

★《中华人民共和国税收征收管理法》

第三条　税收的开征、停征以及减税、免税、退税、补税，依照法律的规定执行；法律授权国务院规定的，依照国务院制定的行政法规的规定执行。

任何机关、单位和个人不得违反法律、行政法规的规定，擅自作出税收开征、停征以及减税、免税、退税、补税和其他同税收法律、行政法规相抵触的决定。

第四条　法律、行政法规规定负有纳税义务的单位和个人为纳税人。

法律、行政法规规定负有代扣代缴、代收代缴税款义务的单位和个人为扣缴义务人。

纳税人、扣缴义务人必须依照法律、行政法规的规定缴纳税款、代扣代缴、代收代缴税款。

第二十八条第一款　税务机关依照法律、行政法规的规定征收税款，不得违反法律、行政法规的规定开征、停征、多征、少征、提前征收、延缓征收或者摊派税款。

第三十一条第一款　纳税人、扣缴义务人按照法律、行政法规规定或者税务机关依照法律、行政法规的规定确定的期限，缴纳或者解缴税款。

第六十三条第一款　纳税人伪造、变造、隐匿、擅自销毁帐簿、记帐凭证，或者在帐簿上多列支出或者不列、少列收入，或者经税务机关通知申报而拒不申报或者进行虚假的纳税申报，不缴或者少缴应纳税款的，是偷税。对纳税人偷税的，由税务机关追缴其不缴或者少缴的税款、滞纳金,并处不缴或者少缴的税款百分之五十以上五倍以下的罚款;构成犯罪的,依法追究刑事责任。

第六十七条　以暴力、威胁方法拒不缴纳税款的,是抗税,除由税务机关追缴其拒缴的税款、滞纳金外,依法追究刑事责任。情节轻微,未构成犯罪的,由税务机关追缴其拒缴的税款、滞纳金,并处拒缴税款一倍以上五倍以下的罚款。

★《中华人民共和国刑法》

第二百零一条第一款　纳税人采取伪造、变造、隐匿、擅自销毁帐簿、记帐凭证,在帐簿上多列支出或者不列、少列收入,经税务机关通知申报而拒不申报或者进行虚假的纳税申报的手段,不缴或者少缴应纳税款,偷税数额占应纳税额的百分之十以上不满百分之三十并且偷税数额在一万元以上不满十万元的,或者因偷税被税务机关给予二次行政处罚又偷税的,处三年以下有期徒刑或者拘役,并处偷税数额一倍以上五倍以下罚金;偷税数额占应纳税额的百分之三十以上并且偷税数额在十万元以上的,处三年以上七年以下有期徒刑,并处偷税数额一倍以上五倍以下罚金。

第二百零二条　以暴力、威胁方法拒不缴纳税款的,处三年以下有期徒刑或者拘役,并处拒缴税款一倍以上五倍以下罚金;情节严重的,处三年以上七年以下有期徒刑,并处拒缴税款一倍以上五倍以下罚金。

【参考事例】

事例1.税收是我国最重要的财政收入　2014 年,我国中央财政收入 64490.01 亿元,其中国内增值税 21102.97 亿元,国内消费税 8906.82 亿元,进口货物增值税、消费税 14424.4 亿元,企业所得税 15812.5 亿元,个人所得税 4425.96 亿元。非税收入 4457.58 亿元,仅占收入总数的 6.91%

2015,我国中央财政收入 69233.99 亿元,,其中国内增值税 20996.82 亿元,国内消费税 10542.16 亿元,进口货物增值税、消费税 15071.51 亿元,企业所得税 17639.23 亿元,个人所得税 5170.89 亿元。非税收入 6996.91 亿元,仅占收入总数的 10.11%。

(财政部分别在 2015、2016 年全国人民代表大会上所作的预决算报告)

事例2.沈阳庞大水泥有限公司偷税被处罚　沈阳庞大水泥有限公司,是私营有限责任公司,法定代表人原为钱玉财,现变更为钱玉林,增值税一般纳税人,主要生产经营水泥及水泥制品。经查,该企业利用购货方是本地区不索要发票的混凝土生产企业和个人,采取设置"账外账"等手段,将这部分收入不向税务机关进行纳税申报。2005 年至

2007 年间,共在账簿上不列或少列销售收入 7617 万元,造成少缴纳增值税 431 万元、少缴纳城建税、企业所得税等地方各税费 285 万元、少代扣代缴法定代表人个人所得税 7.18 万元。少缴上述税款的行为定性为偷税,追缴税(费)款 723.18 万元,并处所偷税款 50% 罚款,按日加收滞纳金,并以涉嫌偷税罪将其移送公安机关。后钱玉财被判处有期徒刑一年零六个月。

(东北新闻网)

【课外拓展】

备选 1. 学生活动:在自己的家里作一调查:家里纳什么税? 税款是如何计算和缴纳的?

备选 2. 学生思考题:请思考一下,"税"和"费"有什么区别?

示例 11　大唐盛世的奠基人唐太宗

【渗透契机】

人教版·选修 4·第一单元　古代中国的政治家·第 2 课 大唐盛世的奠基人唐太宗·其中提及《唐律》比《隋律》减少 160 多条死刑条款。

【渗透内容】

★死刑只适用于罪行极其严重的犯罪分子。

★★我国实行死刑复核制度:死刑都应当报请最高人民法院核准。死刑缓期执行的,可以由高级人民法院判决或者核准。

★★★犯罪的时候不满十八周岁的人、审判的时候怀孕的妇女和审判的时候已满七十五周岁的人(以特别残忍手段致人死亡的除外),不适用死刑。

【教学建议】

本课在"'贞观之治'的出现"一节中,说唐太宗从民本思想出发,慎用刑法,认为"死者不可再生,用法务在宽简",所以他制定的《唐律》比《隋律》减少死刑条款 160 多条。建议在此适当渗透我国现行法律关于死刑的规定。可告知学生:我国《刑法》原有最高刑为死刑的罪名有 55 种,从 2015 年 11 月 1 日起施行的《〈刑法〉修正案九》取消了其中 9 种,现已减到 46 种。接着可根据《刑法》说明关于死刑的规定,根据《刑事诉讼法》说明关于死刑核准的规定,要让学生知道并记住:死刑有立即执行和同时宣告缓期二年执行两种,某些人不适用死刑;死刑由最高人民法院核准,死刑缓期二年执行由高级人民法院核准。

【备教资料】

★《中华人民共和国宪法》

第二十八条　国家维护社会秩序,镇压叛国和其他危害国家安全的犯罪活动,制裁危害社会治安、破坏社会主义经济和其他犯罪的活动,惩办和改造犯罪分子。

★《中华人民共和国刑法》

第二条 中华人民共和国刑法的任务,是用刑罚同一切犯罪行为作斗争,以保卫国家安全,保卫人民民主专政的政权和社会主义制度,保护国有财产和劳动群众集体所有的财产,保护公民私人所有的财产,保护公民的人身权利、民主权利和其他权利,维护社会秩序、经济秩序,保障社会主义建设事业的顺利进行。

第三条 法律明文规定为犯罪行为的,依照法律定罪处刑;法律没有明文规定为犯罪行为的,不得定罪处刑。

第五条 刑罚的轻重,应当与犯罪分子所犯罪行和承担的刑事责任相适应。

第三十二条 刑罚分为主刑和附加刑。

第三十三条 主刑的种类如下:

(一)管制;

(二)拘役;

(三)有期徒刑;

(四)无期徒刑;

(五)死刑。

第三十四条 附加刑的种类如下:

(一)罚金;

(二)剥夺政治权利;

(三)没收财产。

附加刑也可以独立适用。

第四十八条 死刑只适用于罪行极其严重的犯罪分子。对于应当判处死刑的犯罪分子,如果不是必须立即执行的,可以判处死刑同时宣告缓期二年执行。

死刑除依法由最高人民法院判决的以外,都应当报请最高人民法院核准。死刑缓期执行的,可以由高级人民法院判决或者核准。

第四十九条 犯罪的时候不满十八周岁的人和审判的时候怀孕的妇女,不适用死刑。

审判的时候已满七十五周岁的人,不适用死刑,但以特别残忍手段致人死亡的除外。

第五十条 判处死刑缓期执行的,在死刑缓期执行期间,如果没有故意犯罪,二年期满以后,减为无期徒刑;如果确有重大立功表现,二年期满以后,减为二十五年有期徒刑;如果故意犯罪,情节恶劣的,报请最高人民法院核准后执行死刑;对于故意犯罪未执行死刑的,死刑缓期执行的期间重新计算,并报最高人民法院备案。

对被判处死刑缓期执行的累犯以及因故意杀人、强奸、抢劫、绑架、放火、爆炸、投放危险物质或者有组织的暴力性犯罪被判处死刑缓期执行的犯罪分子,人民法院根据犯罪情节等情况可以同时决定对其限制减刑。

★《中华人民共和国刑事诉讼法》

第二条 中华人民共和国刑事诉讼法的任务,是保证准确、及时地查明犯罪事实,正确应用法律,惩罚犯罪分子,保障无罪的人不受刑事追究,教育公民自觉遵守法律,积极同犯罪行为作斗争,维护社会主义法制,尊重和保障人权,保护公民的人身权利、财产权利、民主权利和其他权利,保障社会主义建设事业的顺利进行。

第六条 人民法院、人民检察院和公安机关进行刑事诉讼,必须依靠群众,必须以事实为根据,以法律为准绳。对于一切公民,在适用法律上一律平等,在法律面前,不允许有任何特权。

第二十条 中级人民法院管辖下列第一审刑事案件:

(一)危害国家安全、恐怖活动案件;

(二)可能判处无期徒刑、死刑的案件。

第二百三十五条 死刑由最高人民法院核准。

第二百三十六条 中级人民法院判处死刑的第一审案件,被告人不上诉的,应当由高级人民法院复核后,报请最高人民法院核准。高级人民法院不同意判处死刑的,可以提审或者发回重新审判。

高级人民法院判处死刑的第一审案件被告人不上诉的,和判处死刑的第二审案件,都应当报请最高人民法院核准。

第二百三十七条 中级人民法院判处死刑缓期二年执行的案件,由高级人民法院核准。

第二百三十八条 最高人民法院复核死刑案件,高级人民法院复核死刑缓期执行的案件,应当由审判员三人组成合议庭进行。

第二百三十九条 最高人民法院复核死刑案件,应当作出核准或者不核准死刑的裁定。对于不核准死刑的,最高人民法院可以发回重新审判或者予以改判。

第二百四十条 最高人民法院复核死刑案件,应当讯问被告人,辩护律师提出要求的,应当听取辩护律师的意见。

在复核死刑案件过程中,最高人民检察院可以向最高人民法院提出意见。最高人民法院应当将死刑复核结果通报最高人民检察院。

【参考事例】

事例1.最高人民法院核准贾某死刑 最高人民法院近日核准了犯故意杀人罪的被告人贾敬龙死刑,受到社会广泛关注。该案事实真相是什么?贾敬龙为何"罪该处死"?本报记者就相关焦点问题采访了最高法刑三庭负责人。

这位负责人说,最高法核准被告人贾敬龙死刑,是严格依照法律,在对一、二审判决、裁定认定的事实、证据和适用法律进行全面审查核实,并在讯问贾敬龙,听取其辩护律师意见后作出的。

本案被告人贾敬龙系河北省石家庄市长安区北高营村村民,因旧房拆迁事,与该村党支部书记兼村委会主任何建华产生怨恨,并预谋对何建华实施报复。2015年2月19日(大年初一),贾敬龙在新村春节团拜会会场,持射钉枪当众朝何建华的后脑部射击,致何建华颅脑损伤死亡。

贾敬龙因对旧房被合理拆迁不满,在事过近两年后,蓄意报复,当众用射钉枪将被害人杀害,犯罪情节极其恶劣,罪行极其严重。具体来说:(1)预谋报复,主观恶性极深。这与突发性激情犯罪,即一般民间纠纷,在情绪冲动、一时失控下引起的突发案件不同。(2)持枪作案,手段特别残忍,社会危害性极大。为实现故意杀人,贾敬龙事先购买了3把射钉枪、一把仿真手枪以及射钉弹药等并进行改装试验。经他改装后的射钉枪装弹后可随意发射,且威力大。(3)杀人后持枪抗拒群众抓捕,人身危险性极大。(4)刻意选择在春节作案,犯罪情节和社会影响特别恶劣。

贾敬龙作案后,直至被群众制服、公安机关将其抓获归案,也没有任何投案自首的表示。同时,本案没有任何证据反映贾敬龙作案时和作案前后有精神病表现。

综上,一、二审对贾敬龙判处死刑,量刑适当。最高法遂对贾敬龙依法核准死刑。

(《人民日报》2016年11月16日)

事例2.苏某集资诈骗罪死刑改判无期 涉嫌集资诈骗12.29亿多元、实际集资诈骗5.53亿多元的苏叶女,因犯集资诈骗罪被内蒙古鄂尔多斯市中级人民法院和内蒙古自治区高级人民法院在2013年的一审、二审中判处死刑,但最高人民法院在死刑复核中认定苏叶女有自首情节,将案件发回重审。2017年1月3日上午10时,鄂尔多斯市中级人民法院改判被告人苏叶女无期徒刑,剥夺政治权利终身,并处没收个人全部财产。

根据检方指控,鄂尔多斯市中级人民法院于2013年1月作出判决,判处苏叶女死刑。苏叶女不服,上诉至内蒙古自治区高级人民法院。内蒙古自治区高院于 2013 年 10 月裁定驳回上诉,维持原判,并报送最高人民法院核准死刑。最高人民法院在死刑复核中认定苏叶女有自首情节,于 2015 年 3 月依法作出不予核准刑事裁定,将苏叶女案发回内蒙古自治区高级人民法院重新审判。

内蒙古自治区高级人民法院又于 2015 年 10 月裁定,将苏叶女案发回鄂尔多斯市中院重新审判。鄂尔多斯市中级人民法院依照第一审程序另行组成合议庭,于 2016 年 6 月 23 日公开开庭进行了审理。

鄂尔多斯市中级人民法院重新审理查明,2009 年 10 月至 2011 年 9 月,苏叶女向集资参与人王莉琴等 327 人非法集资人民币 12.29 亿多元,扣除退还本金及支付利息数额,实际骗取 5.53 亿多元。2011 年 9 月 20 日,苏叶女主动到公安机关投案。法院依法以被告人苏叶女犯集资诈骗罪,判处其无期徒刑,剥夺政治权利终身,并处没收个人全部财产。

(《人民日报》2017 年 1 月 4 日)

【课外拓展】

备选 1. 学生活动:查阅有关资料,深入了解一下我国的死刑复核制度。

备选 2. 学生活动:请认真整理一下,我国刑法规定最高刑罚是死刑的罪名有哪些?

示例 12　一代雄师拿破仑

【渗透契机】

人教版·选修 4·第三单元　欧美资产阶级革命时代的杰出人物·第 3 课 一代雄师拿破仑·"拿破仑一世改造法国"中关于《拿破仑法典》的论述。

【渗透内容】

★国家的财产、集体所有的财产、公民合法的财产，都受法律保护，任何单位和个人不得非法侵犯。

★★非法侵害国家、集体、公民合法的财产，要承担相应的民事责任；构成犯罪的，要受刑事处罚。

★★★国家为了公共利益依法征收或者征用公民的私有财产，要给予补偿。

【教学建议】

本节讲了《拿破仑法典》的社会性质和历史意义，并在"资料回放"中引述了它的两个条文。第五百四十四条解释所有权，第五百四十五条明确："除非公用并有公正的赔偿，不得强迫任何人放弃自己的财产。"这两条所包含的原则，在我国现行法律中都有体现，可以借以渗透相关法律知识。"备教资料"中引用了不少法律条文，主要供教师参考，并不都需要给学生讲述。建议教师抓住以下三方面讲述，有必时略讲相应的法律条文。

其一，我国法律保护财产所有权。国家的财产、集体的财产要保护，公民私人的合法财产也要保护。

其二，如果财产所有权受到非法侵害，法律怎样处置？两个方面，一是由侵害者承担民事责任，那就是《民法通则》第一百一十七条讲的，应当返还财产、折价赔偿等。二是这种非法侵害如果构成犯罪，就要按《刑法》判刑。可按《刑法》条文列举罪名。但要向学生说明，承担刑事责任并不免除民事责任，也就是判了刑的人，该赔偿还要赔偿。

其三，国家为了公共利益的需要，可以依照法律规定对公民的私有财产实行征收或者征用并给予补偿。可这样理解,国家征收或者征用公民的私有财产,必须有这三点,一是为了公共利益的需要,二是依照法律规定,三是给予赔偿。

【备教资料】

★《中华人民共和国宪法》

第六条第二款　国家在社会主义初级阶段,坚持公有制为主体、多种所有制经济共同发展的基本经济制度,坚持按劳分配为主体、多种分配方式并存的分配制度。

第十条第二款　国家为了公共利益的需要,可以依照法律规定对土地实行征收或者征用并给予补偿。

第十二条第一款　社会主义的公共财产神圣不可侵犯。

第十三条　公民的合法的私有财产不受侵犯。

国家依照法律规定保护公民的私有财产权和继承权。

国家为了公共利益的需要,可以依照法律规定对公民的私有财产实行征收或者征用并给予补偿。

★《中华人民共和国民法通则》

第七十一条　财产所有权是指所有人依法对自己的财产享有占有、使用、收益和处分的权利。

第七十三条　国家财产属于全民所有。

国家财产神圣不可侵犯,禁止任何组织或者个人侵占、哄抢、私分、截留、破坏。

第七十四条　劳动群众集体组织的财产属于劳动群众集体所有……

集体所有的财产受法律保护,禁止任何组织或者个人侵占、哄抢、私分、破坏或者非法查封、扣押、冻结、没收。

第七十五条　公民的个人财产,包括公民的合法收入、房屋、储蓄、生活用品、文物、图书资料、林木、牲畜和法律允许公民所有的生产资料以及其他合法财产。

公民的合法财产受法律保护,禁止任何组织或者个人侵占、哄抢、破坏或者非法查封、扣押、冻结、没收。

第七十六条　公民依法享有财产继承权。

第七十七条　社会团体包括宗教团体的合法财产受法律保护。

第一百一十七条　侵占国家的、集体的财产或者他人财产的,应当返还财产,不能返还财产的,应当折价赔偿。

损坏国家的、集体的财产或者他人财产的,应当恢复原状或者折价赔偿。

受害人因此遭受其他重大损失的,侵害人并应当赔偿损失。

★ 《中华人民共和国物权法》

第四条 国家、集体、私人的物权和其他权利人的物权受法律保护,任何单位和个人不得侵犯。

第四十二条 为了公共利益的需要,依照法律规定的权限和程序可以征收集体所有的土地和单位、个人的房屋及其他不动产。

征收集体所有的土地,应当依法足额支付土地补偿费、安置补助费、地上附着物和青苗的补偿费等费用,安排被征地农民的社会保障费用,保障被征地农民的生活,维护被征地农民的合法权益。

征收单位、个人的房屋及其他不动产,应当依法给予拆迁补偿,维护被征收人的合法权益;征收个人住宅的,还应当保障被征收人的居住条件。

……

★ 《中华人民共和国刑法》

第二百六十三条 （抢劫公私财物罪,条文略）

第二百六十四条 （盗窃公私财物罪,条文略）

第二百六十六条 （诈骗公私财物罪,条文略）

第二百六十七条 （抢夺公私财物罪,条文略）

第二百六十八条 （聚众哄抢公私财物罪,条文略）

第二百七十四条 （敲诈勒索公私财物罪,条文略）

第二百七十五条 （故意毁坏公私财物罪,条文略）

★ 《中共中央 国务院关于完善产权保护制度依法保护产权的意见》

(2016 年 11 月 4 日)

产权制度是社会主义市场经济的基石,保护产权是坚持社会主义基本经济制度的必然要求。……改革开放以来,通过大力推进产权制度改革,我国基本形成了归属清晰、权责明确、保护严格、流转顺畅的现代产权制度……同时也要看到,我国产权保护仍然存在一些薄弱环节和问题:国有产权由于所有者和代理人关系不够清晰,存在内部人控制、关联交易等导致国有资产流失的问题;利用公权力侵害私有产权、违法查封扣押冻结民营企业财产等现象时有发生;知识产权保护不力,侵权易发多发。解决这些问题,必须加快完善产权保护制度,依法有效保护各种所有制经济组织和公民财产权……

【参考事例】

　　远大公司财产权被侵犯获法院支持　　位于闽东沿海的平潭是中国第五大岛、福建第一大岛,地处海上交通要道。2005 年,当地人高文华看好水上运输市场,决定成立福建远大船业有限公司(以下简称"远大公司"),注册资本 4200 万元。2007 年 2 月,公司取得平潭县政府颁发的国有土地使用证,用地面积 197.6 亩;2008 年 4 月,公司又取得福建省政府颁发的海域使用权证书,用海面积 913.2 亩。

　　船厂开建的同时,平潭也在迅速发展着。2009 年 7 月,平潭建立福州(平潭)综合实验区。2010 年 8 月,平潭管委会发出"拆迁通知",称根据实验区总体规划,远大公司船厂的全部用地、用海均在一项工程的拟征用范围内。

　　"船厂建了两年,还没建好,但我们接到通知只好停工了。"高文华无奈。平潭管委会与远大公司开始协商补偿,初步方案为补偿 9600 万元、另加其他物质补偿。对此,声称已投入上亿元的远大公司无法接受。

　　远大公司开始了为期 4 年的一系列诉讼。在向福州市中级人民法院的起诉状中,远大公司向平潭管委会索赔 3.4 亿元。福州中级人民法院委托了浙江一评估机构,依据双方共同确定的评估明细,就船厂的在建工程等的市场价值进行评估。2015 年 6 月,该机构的资产评估结论是 1.98 亿元。

　　四次开庭之后,2016 年 2 月,福州中级人民法院作出判决,确认平潭管委会应于判决生效之日起 30 日内支付赔偿金 1.98 亿元。2016 年 7 月,福建省高级人民法院二审维持原判。

　　　　　　　　　　　　　　　　　(《中国青年报》2016 年 12 月 8 日,作者卢义杰、姚晓岚)

【课外拓展】

　　备选 1.学生思考题:偷窃、抢劫、抢夺、诈骗、聚众哄抢、敲诈勒索等同属侵害公私财产的行为,法律上对这些行为的认定依据分别是什么?

　　备选 2.学生思考题:在城市建设拆迁中,出现了很多的所谓"钉子户"。对"钉子户"问题你是怎么看待的?

　　　　　　　　　　　　　　　　　　　　(本编撰稿人:朱理章、欧阳宇星、孙得鹏)

第三编　高中地理学科渗透法治教育契机、内容、方法示例

　　为方便教师备课,每个示例均列"渗透契机""渗透内容""教学建议""备教资料""参考事例""课外拓展"六个栏目,简要说明如下:

　　【渗透契机】介绍教材固有的、借此能够渗透法治内容的机会。渗透契机(渗透点)可能是教学内容中的某个名词术语、某段文字、某个知识点,也可能是课文的整体内容或教学的知识板块,还可能是教材中的图表、作业题等,通过它可以"借题发挥",顺其自然地引出法治内容。渗透契机还可以通过教学引申有意创设。

　　【渗透内容】介绍适合在相应的渗透契机中渗透的法治内容,用★标序。★的多少反映难度(复杂度)差异,或是反映内容的逻辑关系。教师可以根据学生认知能力情况和不同的教学实际,全部讲解或部分选讲。

　　【教学建议】主要介绍法治渗透的基本方法、内容、要求和注意事项等内容。供备课时参考。

　　【备教资料】包括法律法规、文件文章、领导讲话摘录及名词术语解释等内容。供教师备课时使用和参考。部分内容因篇幅较长,只列名称或标题。鉴于法律法规存在修订、废止等变动,教师引用时应查询最新规定。

　　【参考事例】教学素材和备课辅助资料。包括法治案例、媒体新闻、社会舆情等方面的内容。由于篇幅普遍较长,如作为教学素材使用,应当在保持原意的基础上适当压缩,以节省教学时间。

　　【课外拓展】课后作业题。建议布置给学有余力、愿意继续探究的学生,不建议面向全体学生作硬性要求。

示例1　太阳对地球的影响　为地球提供能量

【渗透契机】

人教版·地理1·第一章·第二节　太阳对地球的影响·为地球提供能量。

结合课文"图1.7 太阳为地球提供能量"中第4图进行法治渗透。

【渗透内容】

★《可再生能源法》规定:国家鼓励单位和个人安装和使用太阳能热水系统、太阳能供热采暖和制冷系统、太阳能光伏发电系统等太阳能利用系统。

【教学建议】

在讲解分析"图1.7 太阳为地球提供能量"时,教师顺势说明:鉴于我国能源紧张的实际和太阳能贮量丰富、没有污染的优点,《可再生能源法》规定,国家鼓励单位和个人安装和使用太阳能热水系统、太阳能供热采暖和制冷系统、太阳能光伏发电系统等太阳能利用系统,把太阳能的开发利用列入能源发展的优先领域,并从政策、资金等方面给予引导、支持;近些年,不但太阳能发电站发展较快,而且太阳能热水器、太阳灶也越来越普及。

【备教资料】

★《中华人民共和国可再生能源法》

第一条　为了促进可再生能源的开发利用,增加能源供应,改善能源结构,保障能源安全,保护环境,实现经济社会的可持续发展,制定本法。

第二条第一款　本法所称可再生能源,是指风能、太阳能、水能、生物质能、地热能、海洋能等非化石能源。

第四条　国家将可再生能源的开发利用列为能源发展的优先领域,通过制定可再生能源开发利用总量目标和采取相应措施,推动可再生能源市场的建立和发展。

国家鼓励各种所有制经济主体参与可再生能源的开发利用,依法保护可再生能源开发利用者的合法权益。

第十二条 国家将可再生能源开发利用的科学技术研究和产业化发展列为科技发展与高技术产业发展的优先领域,纳入国家科技发展规划和高技术产业发展规划,并安排资金支持可再生能源开发利用的科学技术研究、应用示范和产业化发展,促进可再生能源开发利用的技术进步,降低可再生能源产品的生产成本,提高产品质量。

国务院教育行政部门应当将可再生能源知识和技术纳入普通教育、职业教育课程。

第十七条 国家鼓励单位和个人安装和使用太阳能热水系统、太阳能供热采暖和制冷系统、太阳能光伏发电系统等太阳能利用系统。

国务院建设行政主管部门会同国务院有关部门制定太阳能利用系统与建筑结合的技术经济政策和技术规范。

房地产开发企业应当根据前款规定的技术规范,在建筑物的设计和施工中,为太阳能利用提供必备条件。

对已建成的建筑物,住户可以在不影响其质量与安全的前提下安装符合技术规范和产品标准的太阳能利用系统;但是,当事人另有约定的除外。

第十八条 国家鼓励和支持农村地区的可再生能源开发利用。

县级以上地方人民政府管理能源工作的部门会同有关部门,根据当地经济社会发展、生态保护和卫生综合治理需要等实际情况,制定农村地区可再生能源发展规划,因地制宜地推广应用沼气等生物质资源转化、户用太阳能、小型风能、小型水能等技术。

县级以上人民政府应当对农村地区的可再生能源利用项目提供财政支持。

【参考事例】

我国首座太阳能光热发电站并入青海电网 我国首座大规模应用的太阳能光热发电站青海德令哈50兆瓦塔式太阳能光热发电站一期工程,于2013年7月5日顺利并入青海电网发电,标志着我国自主研发的太阳能光热发电技术向商业化运行迈出坚实步伐,填补了我国没有太阳能光热电站并网发电的空白。

光热发电最大的优势在于并网友好、储热连续、发电稳定,因此有条件逐步替代火电担当基础电力负荷,从而避免燃煤的污染排放,成为解决"雾霾"困扰、防治大气污染的有效途径,是真正意义上的绿色能源产业。

(改编自青海新闻网讯,原作者贾明、马旭升)

【课外拓展】

备选1.学生活动:了解自己家中有没有直接利用太阳辐射能的生活实施设备。

备选2.学生活动:了解市场上销售的空气能热水器的工作原理,分析它的能源来自哪里。

备选3.学生思考题:太阳能有很多优点,但为什么开发利用不像我们想象的那样迅速、普及呢?

示例2 常见天气系统 台风及其危害、
寒潮及其危害

【渗透契机】

人教版·地理1·第二章·第三节 常见天气系统·案例2台风及其危害、寒潮及
其危害。

【渗透内容】

★国家对公众气象预报和灾害性天气警报实行统一发布制度。

★★公众气象预报和灾害性天气警报由各级气象主管机构所属的气象台站发布，
其他任何组织或个人不得向社会发布公众气象预报和灾害性天气警报。

★★★广播、电视、报纸、电信等媒体向社会传播气象预报和灾害性天气警报，必须
使用气象主管机构所属的气象台站提供的适时气象信息，并标明发布时间和气象台站
的名称。

【教学建议】

案例2介绍了台风、寒潮发生的原因和危害。教学时，顺势引出灾害性天气预警的
话题，向学生说明：国家对公众气象预报和灾害性天气警报实行统一发布制度；公众气
象预报和灾害性天气警报由各级气象主管机构所属的气象台站发布，其他任何组织或
个人不得向社会发布公众气象预报和灾害性天气警报。

教学时间允许，可以进一步说明：广播、电视、报纸、电信等媒体向社会传播气象预报
和灾害性天气警报，必须使用气象主管机构所属的气象台站提供的适时气象信息，并标
明发布时间和气象台站的名称；任何组织、媒体、个人向社会发布、传播虚假的公众气象
预报和灾害性天气警报，都可能受到法律追究。

【备教资料】

  ★《中华人民共和国气象法》

  第一条 为了发展气象事业,规范气象工作,准确、及时地发布气象预报,防御气象灾害,合理开发利用和保护气候资源,为经济建设、国防建设、社会发展和人民生活提供气象服务,制定本法。

  第二十二条 国家对公众气象预报和灾害性天气警报实行统一发布制度。

  各级气象主管机构所属的气象台站应当按照职责向社会发布公众气象预报和灾害性天气警报,并根据天气变化情况及时补充或者订正。其他任何组织或者个人不得向社会发布公众气象预报和灾害性天气警报。

  国务院其他有关部门和省、自治区、直辖市人民政府其他有关部门所属的气象台站,可以发布供本系统使用的专项气象预报。

  各级气象主管机构及其所属的气象台站应当提高公众气象预报和灾害性天气警报的准确性、及时性和服务水平。

  第二十三条 各级气象主管机构所属的气象台站应当根据需要,发布农业气象预报、城市环境气象预报、火险气象等级预报等专业气象预报,并配合军事气象部门进行国防建设所需的气象服务工作。

  第二十四条 各级广播、电视台站和省级人民政府指定的报纸,应当安排专门的时间或者版面,每天播发或者刊登公众气象预报或者灾害性天气警报。

  各级气象主管机构所属的气象台站应当保证其制作的气象预报节目的质量。

  广播、电视播出单位改变气象预报节目播发时间安排的,应当事先征得有关气象台站的同意;对国计民生可能产生重大影响的灾害性天气警报和补充、订正的气象预报,应当及时增播或者插播。

  第二十五条 广播、电视、报纸、电信等媒体向社会传播气象预报和灾害性天气警报,必须使用气象主管机构所属的气象台站提供的适时气象信息,并标明发布时间和气象台站的名称。通过传播气象信息获得的收益,应当提取一部分支持气象事业的发展。

  第二十六条 信息产业部门应当与气象主管机构密切配合,确保气象通信畅通,准确、及时地传递气象情报、气象预报和灾害性天气警报。

  气象无线电专用频道和信道受国家保护,任何组织或者个人不得挤占和干扰。

  第二十七条 县级以上人民政府应当加强气象灾害监测、预警系统建设,组织有关部门编制气象灾害防御规划,并采取有效措施,提高防御气象灾害的能力。有关组织和个人应当服从人民政府的指挥和安排,做好气象灾害防御工作。

　　第二十八条　各级气象主管机构应当组织对重大灾害性天气的跨地区、跨部门的联合监测、预报工作,及时提出气象灾害防御措施,并对重大气象灾害作出评估,为本级人民政府组织防御气象灾害提供决策依据。

　　各级气象主管机构所属的气象台站应当加强对可能影响当地的灾害性天气的监测和预报,并及时报告有关气象主管机构。其他有关部门所属的气象台站和与灾害性天气监测、预报有关的单位应当及时向气象主管机构提供监测、预报气象灾害所需要的气象探测信息和有关的水情、风暴潮等监测信息。

　　第二十九条　县级以上地方人民政府应当根据防御气象灾害的需要,制定气象灾害防御方案,并根据气象主管机构提供的气象信息,组织实施气象灾害防御方案,避免或者减轻气象灾害。

　　第三十八条　违反本法规定,有下列行为之一的,由有关气象主管机构按照权限责令改正,给予警告,可以并处五万元以下的罚款:

　　(一)非法向社会发布公众气象预报、灾害性天气警报的;

　　(二)广播、电视、报纸、电信等媒体向社会传播公众气象预报、灾害性天气警报,不使用气象主管机构所属的气象台站提供的适时气象信息的;

　　(三)从事大气环境影响评价的单位进行工程建设项目大气环境影响评价时,使用的气象资料不是气象主管机构提供或者审查的。

　　第四十条　各级气象主管机构及其所属气象台站的工作人员由于玩忽职守,导致重大漏报、错报公众气象预报、灾害性天气警报,以及丢失或者毁坏原始气象探测资料、伪造气象资料等事故的,依法给予行政处分;致使国家利益和人民生命财产遭受重大损失,构成犯罪的,依法追究刑事责任。

【参考事例】

　　朋友圈擅自发布天气预警信息是违法行为　进入 7 月以来,多地发生洪涝灾害,市民对天气预报要比平时更为关注。记者采访发现,在微信朋友圈里,出现了一些看似充满善意,却又不乏煽情恐吓的关于极端天气的谣言。如此私自发布天气预报的行为,不仅容易引发社会恐慌,也可能干扰救灾工作的开展。

　　"前段时间到处发水灾,我经常在微信群里收到关于天气预警的信息,一个比一个说得严重,都不知道该相信谁好!"市民谭女士告诉记者,身边的不少朋友可能看都没仔细看,就"好意"地发给给了自己。

去年市区有些自媒体胡乱编造的"怀化暖冬"的信息发在朋友圈。记者采访市气象台专家,他们表示没有开展对暖冬的预测工作。市气象台负责人表示,从当前科学认知和科技水平来讲,一些极端天气,不可能提前半个月甚至一个月就能预测到,社会上的一些极端天气预报,是谣言,也是违法的。法律规定,非法向社会发布公众气象预报、灾害性天气警报的,由有关气象主管机构按照权限责令改正,给予警告,可以并处 5 万元以下的罚款。

记者从怀化市气象台了解,目前,市气象台站通过常规的电视、报纸、广播、短信、电话等方式及时发布滚动的天气预报和预测信息,并且也建立了官方微博、微信来发布气象预报预警的信息。市民应该从正当途径获取相关信息,不要轻易相信朋友圈里那些危言耸听的极端天气"预报"。

(改编自 2016 年 7 月 10 日怀化新闻网,原作者严万达)

【课外拓展】

备选 1.学生思考题:发布或传播虚假灾害性天气警报,可能给社会造成什么后果?

备选 2.学生活动:观察中央电视台节目中的天气预报,注意它的发布者是中央气象台还是中央电视台,思考这有什么不同。

备选 3.学生思考题:想一想,哪些天气信息不能在微信朋友圈乱传?

示例3 全球气候变化 应对气候变化的措施

【渗透契机】

人教版·地理1·第二章·第四节 全球气候变化·应对气候变化的措施。

【渗透内容】

★《联合国气候变化框架公约》和《巴黎气候变化协定》是有关气候方面的重要国际公约。

★★我国积极应对气候变化,专门制定有《中国应对气候变化国家方案》。

【教学建议】

通过前面的教学,学生已认识到气候变化的诸多危害。讲解"应对气候变化的措施"时,教师可以有意识说明,应对全球气候变化,还需要国家层面的措施和国际层面的合作,顺势说明,《联合国气候变化框架公约》(我国 1992 年 6 月 11 日签署该公约)和《巴黎气候变化协定》(协定的达成、签署、批准、生效的整个过程中,中国做出了关键性的重要贡献;2016 年 4 月 22 日签署)是有关气候方面的重要国际公约;我国积极应对气候变化,除立法(例如《节约能源法》《可再生能源法》《循环经济促进法》等)外,专门制定有《中国应对气候变化国家方案》(2007 年 6 月 3 日发布),并且有一系列配套的政策措施,是对气候变化问题高度负责的国家,为减缓气候变化做出了显著贡献。

这样处理,不但渗透了法治内容,也有利于学生从更高的层次观察和认识气候变化应对问题。

由于时间关系,不建议讲解《联合国气候变化框架公约》《巴黎气候变化协定》《中国应对气候变化国家方案》的具体内容。

【备教资料】

★《联合国气候变化框架公约》

★《巴黎气候变化协定》

★《中国应对气候变化国家方案》

第一部分　中国气候变化的现状

三、中国减缓气候变化的努力与成就

作为一个负责任的发展中国家,自1992年联合国环境与发展大会以后,中国政府率先组织制定了《中国21世纪议程——中国21世纪人口、环境与发展白皮书》,并从国情出发采取了一系列政策措施,为减缓全球气候变化做出了积极的贡献。

第一,调整经济结构,推进技术进步,提高能源利用效率。……

第二,发展低碳能源和可再生能源,改善能源结构。……

第三,大力开展植树造林,加强生态建设和保护。……

第四,实施计划生育,有效控制人口增长。……

第五,加强了应对气候变化相关法律、法规和政策措施的制定。……

第六,进一步完善了相关体制和机构建设。……

第七,高度重视气候变化研究及能力建设。……

第八,加大气候变化教育与宣传力度。……

【参考事例】

2016上半年节能减排情况　2016年上半年,节能指标完成进度超前,环境质量总体向好,"十三五"节能减排工作开局顺利。

从节能看,上半年我国单位GDP能耗下降5.2%,超过全年目标任务。高耗能行业能耗继续保持低位运行,石油、化工、有色规模以上工业能耗同比增长3.5%、3.2%、1%,建材、钢铁规模以上工业行业能耗同比分别下降1.0%和1.5%。发电结构不断优化,规模以上火电发电量延续负增长态势,同比下降3.1%。规模以上水电、核电、风电发电量增长迅速,同比增长13.4%、24.9%和24.4%。

从环境质量看,空气质量总体向好,全国细颗粒物(PM2.5)、可吸入颗粒物(PM10)、二氧化硫浓度分别下降9.3%、6.3%、14.3%,338个地级及以上城市平均优良天数比例为 76.7% ,同比提高 4 个百分点。京津冀、长三角、珠三角区域优良天数分别提高 11、3.8、4.1 个百分点。水环境质量总体稳定,国家地表水环境监测网 1940 个断面达到或好于Ⅲ类水体比例为 68.8% 。初步预计,上半年主要污染物排放总量继续保持下降态势,空气质量优良天数比例、PM2.5 未达标城市浓度下降比例、达到或好于Ⅲ类水体比例等环境质量约束性指标均达到或超过时间进度要求。

(改编自国家发改委网站 2016 年 8 月 15 日信息)

【课外拓展】

备选 1.学生活动:上网了解《联合国气候变化框架公约》的有关内容。

备选 2.学生活动:调查自己所在学校"节能减排"和"低碳生活"方面的情况。如发现问题,向学校负责人提出相应解决方案。

示例4　水资源的合理利用　合理利用水资源

【渗透契机】

人教版·地理1·第三章·第三节　水资源的合理利用·合理利用水资源。

【渗透内容】

★国家实行落后技术、工艺、设备、材料、产品淘汰制度。

★列入淘汰目录的用水器具(旧式水龙头、旧式马桶等),禁止生产和销售。

【教学建议】

节约资源,淘汰落后的技术、工艺、设备、材料、产品,使用和推广先进的技术、工艺、设备、材料、产品是非常重要的措施。为此,根据《循环经济促进法》等法律的规定,国家实行落后技术、工艺、设备、材料、产品淘汰制度,定期发布淘汰目录。和其他淘汰产品一样,用水器具进入淘汰目录的,禁止生产和销售。例如,铸铁螺旋升降式水龙头、冲水量大于9升的便器及水箱,就不得生产和销售。

教学教材第65页第三自然段(节流措施包括……)时,教师可以补充介绍上述内容,使学生认识到,除了提高公民节水意识外,使用先进技术和工艺、改进设备和器具,通过科学技术"节流",也是必不可少的措施,所以国家才通过法律和行政手段实行调控。

这样处理,不但渗透了法治内容,也会使学生对于"节流"问题,有更加全面的认识,弥补了教材的不足。

【备教资料】

★《中华人民共和国水法》

第八条　国家厉行节约用水,大力推行节约用水措施,推广节约用水新技术、新工艺,发展节水型工业、农业和服务业,建立节水型社会。

各级人民政府应当采取措施,加强对节约用水的管理,建立节约用水技术开发推广体系,培育和发展节约用水产业。

单位和个人有节约用水的义务。

第五十条 各级人民政府应当推行节水灌溉方式和节水技术,对农业蓄水、输水工程采取必要的防渗漏措施,提高农业用水效率。

第五十二条 城市人民政府应当因地制宜采取有效措施,推广节水型生活用水器具,降低城市供水管网漏失率,提高生活用水效率;加强城市污水集中处理,鼓励使用再生水,提高污水再生利用率。

★《中华人民共和国循环经济促进法》

第十八条 国务院循环经济发展综合管理部门会同国务院环境保护等有关主管部门,定期发布鼓励、限制和淘汰的技术、工艺、设备、材料和产品名录。

禁止生产、进口、销售列入淘汰名录的设备、材料和产品,禁止使用列入淘汰名录的技术、工艺、设备和材料。

第二十条 工业企业应当采用先进或者适用的节水技术、工艺和设备,制定并实施节水计划,加强节水管理,对生产用水进行全过程控制。

工业企业应当加强用水计量管理,配备和使用合格的用水计量器具,建立水耗统计和用水状况分析制度。

新建、改建、扩建建设项目,应当配套建设节水设施。节水设施应当与主体工程同时设计、同时施工、同时投产使用。

国家鼓励和支持沿海地区进行海水淡化和海水直接利用,节约淡水资源。

第二十四条 县级以上人民政府及其农业等主管部门应当推进土地集约利用,鼓励和支持农业生产者采用节水、节肥、节药的先进种植、养殖和灌溉技术,推动农业机械节能,优先发展生态农业。

在缺水地区,应当调整种植结构,优先发展节水型农业,推进雨水集蓄利用,建设和管护节水灌溉设施,提高用水效率,减少水的蒸发和漏失。

第二十六条 餐饮、娱乐、宾馆等服务性企业,应当采用节能、节水、节材和有利于保护环境的产品,减少使用或者不使用浪费资源、污染环境的产品。

本法施行后新建的餐饮、娱乐、宾馆等服务性企业,应当采用节能、节水、节材和有利于保护环境的技术、设备和设施。

第二十七条 国家鼓励和支持使用再生水。在有条件使用再生水的地区,限制或者禁止将自来水作为城市道路清扫、城市绿化和景观用水使用。

【参考事例】

五类非节水器具已被国家明令淘汰　家中的水龙头、抽水马桶看起来不起眼,里面却有大文章。"同样的一户三口之家,使用水箱容积6升以下的两档式坐便器与使用水箱容积9升以上的坐便器相比,前者要比后者一年节水10吨左右。"昨天,在全省节约教育新消费经验交流会上,金华市消保委发布的《节水器具消费调查及比较试验报告》令人大为感叹:五类非节水用水器具,国家已明令淘汰多年,却仍在我省大行其道。这五类非节水用水器具为:铸铁螺旋升降式水龙头、铸铁螺旋升降式截止阀、进水口低于水面的卫生洁具水箱配件、上导向直落式坐便器水箱配件和一次冲洗水量在9升以上的便器水箱。

报告显示,金华市市场监督管理局于7月份对当地1356家洁具市场、建材市场和商铺进行了检查,查获已明令淘汰的铸铁螺旋升降式水龙头318只,铸铁螺旋升降式截止阀219只,冲水量大于9升的坐便器及水箱量88套,上导向直落式坐便器水箱配件10件。

"利润空间大、价格悬殊大、宣传不到位,是这五类非节水用水器具仍然在售的主要原因。"金华市消保委秘书长孙立新表示,目前消费者对节水型用具的认知度仍然不高,尤其是老年人和郊区居民及农村村民,更是不知情。消费者抵制非节水用水器具意识依旧薄弱。

对此,金华市消保委向广大消费者倡议,拒绝使用国家明令淘汰的用水器具,若发现仍有商家在售上述五类用水器具,可向有关部门举报。

(改编自2014年9月30日《浙江法制报》,原作者陈贞妃)

【课外拓展】

备选1.学生活动:调查自己家庭生活用水的情况,探究进一步节水、实现生活用水的多次利用,在器具和技术上还有哪些要解决的问题。

备选2.学生活动:洗衣机是家庭"耗水大户",有评估显示,洗衣机用水量占家庭生活用水量的40%以上。探究自家的洗衣机是否可以通过巧妙的设置或改进,在不降低洗净度的前提下,减少用水。

示例 5　人口的数量变化

【渗透契机】

人教版·地理 2·第一章·第一节　人口的数量变化。

结合课文中"20 世纪 70 年代以来,我国由于大力开展计划生育工作,目前已基本实现了人口增长模式从传统型向现代型的转变"等内容渗透。

【渗透内容】

★在实行计划生育的前提下,国家根据社会经济发展需要适时对具体政策进行微调。

★★为了缓解人口老龄化,使人口结构趋于合理,现阶段实行"全面二孩"政策。

【教学建议】

教材介绍了人口增长模式,但是没有提及人口结构问题,此处增加"全面二孩"政策的有关内容,既可弥补教材不足,又能够联系实际渗透相应法治知识。建议教师教学时,有意提及"全面二孩"政策,向学生说明:计划生育是我国的基本国策,在相当长一段时间内将坚持执行,但是有些具体政策,国家会根据社会经济发展需要适时微调;目前我国人口结构日趋老龄化;为了适应社会经济发展需要,2015 年 10 月,我国终止"独生子女"政策,实施"全面二孩"政策(全面实施一对夫妇可生育两个孩子政策),以缓解人口老龄化问题。接着还可以补充说明:考查一个国家的人口情况,不光要看人口增长模式,还要从人口结构、人口素质等多方面考查。

提示:(1)"全面二孩"政策本质上仍然属于计划生育政策范畴;(2)2013 年,我国已实施"单独二孩"政策(允许一方是独生子女的夫妇生育两个孩子的政策);(3)实施"二孩政策"的同时,计划生育政策中未调整的部分,仍然继续实施。

【备教资料】

★《中华人民共和国宪法》

第二十五条　国家推行计划生育,使人口的增长同经济和社会发展计划相适应。

★《中华人民共和国婚姻法》

第十六条　夫妻双方都有实行计划生育的义务。

★《中华人民共和国人口与计划生育法》

第一条　为了实现人口与经济、社会、资源、环境的协调发展,推行计划生育,维护公民的合法权益,促进家庭幸福、民族繁荣与社会进步,根据宪法,制定本法。

第二条　我国是人口众多的国家,实行计划生育是国家的基本国策。

国家采取综合措施,控制人口数量,提高人口素质。

国家依靠宣传教育、科学技术进步、综合服务、建立健全奖励和社会保障制度,开展人口与计划生育工作。

第十七条　公民有生育的权利,也有依法实行计划生育的义务,夫妻双方在实行计划生育中负有共同的责任。

第十八条　国家提倡一对夫妻生育两个子女。

符合法律、法规规定条件的,可以要求安排再生育子女。具体办法由省、自治区、直辖市人民代表大会或者其常务委员会规定。

少数民族也要实行计划生育,具体办法由省、自治区、直辖市人民代表大会或者其常务委员会规定。

夫妻双方户籍所在地的省、自治区、直辖市之间关于再生育子女的规定不一致的,按照有利于当事人的原则适用。

第十九条　实行计划生育,以避孕为主。

国家创造条件,保障公民知情选择安全、有效、适宜的避孕节育措施。实施避孕节育手术,应当保证受术者的安全。

第二十七条　在国家提倡一对夫妻生育一个子女期间,自愿终身只生育一个子女的夫妻,国家发给《独生子女父母光荣证》。

获得《独生子女父母光荣证》的夫妻,按照国家和省、自治区、直辖市有关规定享受独生子女父母奖励。

法律、法规或者规章规定给予获得《独生子女父母光荣证》的夫妻奖励的措施中由其所在单位落实的,有关单位应当执行。

获得《独生子女父母光荣证》的夫妻,独生子女发生意外伤残、死亡的,按照规定获得扶助。

在国家提倡一对夫妻生育一个子女期间,按照规定应当享受计划生育家庭老年人奖励扶助的,继续享受相关奖励扶助。

★《中国共产党第十八届中央委员会第五次全体会议公报》(2015 年 10 月 29 日)

……促进人口均衡发展,坚持计划生育的基本国策,完善人口发展战略,全面实施一对夫妇可生育两个孩子政策,积极开展应对人口老龄化行动。……

【参考事例】

中国人口老龄化现象超常规 人口老龄化是指人口中老年人口比重增长的现象。人口理论研究和率先出现老龄化的发达国家的经验都表明,人口老龄化对经济社会发展的影响广泛、复杂而深刻,既带来机遇,又对经济社会发展产生重大的负面影响。

中国人口老龄化问题超常规。一是老龄化程度之高超常规。据联合国 2015 年 7 月预测,中国人口中 60 岁及以上老年人口的比重,将从 2015 年的 15.2%,上升为 2050 年的 36.5%。二是老龄化速度之快超常规。人口中 60 岁及以上老年人口的比重从 12% 倍增为 24% 所需的时间,最早出现老龄化的法国经历了 140 年(1872—2012),迄今为止老龄化速度最快的日本经历了 25 年(1977—2002),而中国将只需要 20 年(2009—2029)。三是老年人口数量之多超常规。2015—2050 年,中国 60 岁及以上老年人口数量将从 2.1 亿增至 4.9 亿。四是过快的老龄化,导致经济层面“未富先老”,社会层面“未备先老”,增加了解决老龄化问题的压力和紧迫性。

中国面临人口老龄化严峻挑战,应对人口老龄化是世界性难题。2016 年 2 月,习近平总书记强调指出,“有效应对我国人口老龄化,事关国家发展全局,事关亿万百姓福祉”。目前,《国家应对人口老龄化战略研究总报告》已经发布,包括实施“全面二孩”政策,建立健全与老龄社会相适应的养老保障、养老服务、养老医疗制度,渐进式延长退休年龄,提高未来劳动年龄人口的素质等工作正在有序推进,一个有中国特色的老龄问题治理体系正在形成。

(根据莫龙《中国能够战胜人口老龄化严峻挑战》等文章整理)

【课外拓展】

　　备选1.学生思考题:实施"全面二孩"政策是为了缓解老龄化问题,那么,能否为了解决人口老龄化问题,放弃计划生育政策,为什么?

　　备选2.学生思考题:你认为,什么样的人口结构才是合理的人口结构,说说你的理由。

示例6 人口的空间变化

【渗透契机】

人教版·地理2·第一章·第二节 人口的空间变化。

结合教材第9页"从新中国国成立到80年代中期……","20世纪80年代中期以来……"及第10页"影响人口迁移的因素"等内容进行渗透。

【渗透内容】

★人口迁移应当与环境、社会、经济状况相适应。

★★我国正在抓紧改革户籍制度。

★★★目前我国实行"全面放开建制镇和小城市落户限制,有序放开中等城市落户限制,合理确定大城市落户条件,严格控制特大城市人口规模"政策。

【教学建议】

建议教师在本节教学任务完成、学生有一定认知准备后,再引导学生回顾教材第9页、第10页内容,联系就医、就学、就业、交通等实际问题说明:(1)环境、社会、经济状况影响着人口迁移,现阶段,如果人口完全任意迁移,也有负面作用,人口迁移应当与当前环境、社会、经济状况相适应。(2)为了适应社会经济发展和人口迁移的需要,我国户籍制度改革工作正在有序推进。例如:取消农业户口和非农业户口的区别,不分城乡,居民统一登记为居民户口;建立居住证制度,居住证持有者享有与当地户籍人口同等的劳动就业、基本公共教育、基本医疗卫生服务、计划生育服务、公共文化服务、证照办理服务等权利。(3)目前,人口流动的政策限制已大大减少,但是将户口迁移至城市,仍然实行"全面放开建制镇和小城市落户限制,有序放开中等城市落户限制,合理确定大城市落户条件,严格控制特大城市人口规模"政策,这也是必要的。

【备教资料】

★《中华人民共和国户口登记条例》

第二条 中华人民共和国公民,都应当依照本条例的规定履行户口登记。

现役军人的户口登记,由军事机关按照管理现役军人的有关规定办理。

居留在中华人民共和国境内的外国人和无国籍的人的户口登记,除法令另有规定外,适用本条例。

第三条 户口登记工作,由各级公安机关主管。

城市和设有公安派出所的镇,以公安派出所管辖区为户口管辖区;乡和不设公安派出所的镇,以乡、镇管辖区为户口管辖区。乡、镇人民委员会和公安派出所为户口登记机关。

……

第十条 公民迁出本户口管辖区,由本人或者户主在迁出前向户口登记机关申报迁出登记,领取迁移证件,注销户口。……

第十三条第一款 公民迁移,从到达迁入地的时候起,城市在三日以内,农村在十日以内,由本人或者户主持迁移证件向户口登记机关申报迁入登记,缴销迁移证件。

★《国务院关于进一步推进户籍制度改革的意见》(2014年7月24日)

(三)发展目标。进一步调整户口迁移政策,统一城乡户口登记制度,全面实施居住证制度,加快建设和共享国家人口基础信息库,稳步推进义务教育、就业服务、基本养老、基本医疗卫生、住房保障等城镇基本公共服务覆盖全部常住人口。到2020年,基本建立与全面建成小康社会相适应,有效支撑社会管理和公共服务,依法保障公民权利,以人为本、科学高效、规范有序的新型户籍制度,努力实现1亿左右农业转移人口和其他常住人口在城镇落户。

二、进一步调整户口迁移政策

(四)全面放开建制镇和小城市落户限制。……

(五)有序放开中等城市落户限制。……

(六)合理确定大城市落户条件。……

(七)严格控制特大城市人口规模。……

(八)有效解决户口迁移中的重点问题。……

三、创新人口管理

（九）建立城乡统一的户口登记制度。取消农业户口与非农业户口性质区分和由此衍生的蓝印户口等户口类型,统一登记为居民户口,体现户籍制度的人口登记管理功能。建立与统一城乡户口登记制度相适应的教育、卫生计生、就业、社保、住房、土地及人口统计制度。

（十）建立居住证制度。公民离开常住户口所在地到其他设区的市级以上城市居住半年以上的,在居住地申领居住证。符合条件的居住证持有人,可以在居住地申请登记常住户口。以居住证为载体,建立健全与居住年限等条件相挂钩的基本公共服务提供机制。居住证持有人享有与当地户籍人口同等的劳动就业、基本公共教育、基本医疗卫生服务、计划生育服务、公共文化服务、证照办理服务等权利;以连续居住年限和参加社会保险年限等为条件,逐步享有与当地户籍人口同等的中等职业教育资助、就业扶持、住房保障、养老服务、社会福利、社会救助等权利,同时结合随迁子女在当地连续就学年限等情况,逐步享有随迁子女在当地参加中考和高考的资格。各地要积极创造条件,不断扩大向居住证持有人提供公共服务的范围。按照权责对等的原则,居住证持有人应当履行服兵役和参加民兵组织等国家和地方规定的公民义务。

四、切实保障农业转移人口及其他常住人口合法权益

（十二）完善农村产权制度。……

（十三）扩大基本公共服务覆盖面。保障农业转移人口及其他常住人口随迁子女平等享有受教育权利;将随迁子女义务教育纳入各级政府教育发展规划和财政保障范畴;逐步完善并落实随迁子女在流入地接受中等职业教育免学费和普惠性学前教育的政策以及接受义务教育后参加升学考试的实施办法。完善就业失业登记管理制度,面向农业转移人口全面提供政府补贴职业技能培训服务,加大创业扶持力度,促进农村转移劳动力就业。将农业转移人口及其他常住人口纳入社区卫生和计划生育服务体系,提供基本医疗卫生服务。把进城落户农民完全纳入城镇社会保障体系,在农村参加的养老保险和医疗保险规范接入城镇社会保障体系,完善并落实医疗保险关系转移接续办法和异地就医结算办法,整合城乡居民基本医疗保险制度,加快实施统一的城乡医疗救助制度。提高统筹层次,实现基础养老金全国统筹,加快实施统一的城乡居民基本养老保险制度,落实城镇职工基本养老保险关系转移接续政策。加快建立覆盖城乡的社会养老服务体系,促进基本养老服务均等化。完善以低保制度为核心的社会救助体系,实现城乡社会救助统筹发展。把进城落户农民完全纳入城镇住房保障体系,采取多种方式保障农业转移人口基本住房需求。

(十四)加强基本公共服务财力保障。建立财政转移支付同农业转移人口市民化挂钩机制。完善促进基本公共服务均等化的公共财政体系,逐步理顺事权关系,建立事权和支出责任相适应的制度,中央和地方按照事权划分相应承担和分担支出责任。深化税收制度改革,完善地方税体系。完善转移支付制度,加大财力均衡力度,保障地方政府提供基本公共服务的财力。

【参考事例】

大中城市不得以购房限制落户　国务院办公厅2016年9月30日印发《推动1亿非户籍人口在城市落户方案》(以下称《方案》),《方案》指出,促进有能力在城镇稳定就业和生活的农业转移人口举家进城落户,是全面小康社会惠及更多人口的内在要求,是推进新型城镇化建设的首要任务,是扩大内需、改善民生的重要举措。《方案》提出了推进1亿非户籍人口在城市落户的主要目标:"十三五"期间,城乡区域间户籍迁移壁垒加速破除,配套政策体系进一步健全,户籍人口城镇化率年均提高1个百分点以上,年均转户1300万人以上。到2020年,全国户籍人口城镇化率提高到45%,各地区户籍人口城镇化率与常住人口城镇化率差距比2013年缩小2个百分点以上。《方案》从三个方面提出了推进1亿非户籍人口在城市落户的具体举措。

一是进一步拓宽落户通道。除极少数超大城市外,全面放宽升学和参军进城的农村学生、长期在城市居住的农业转移人口和新生代农民工等重点人群的落户条件,省会及以下城市要全面放开高校毕业生等技能型群体落户限制;超大城市和特大城市要分类制定落户政策。大中城市均不得采取购买房屋、投资纳税等方式设置落户限制。大城市落户条件中对参加城镇社会保险的年限要求不得超过5年,中等城市不得超过3年。

二是制定实施配套政策。加大对农业转移人口市民化的财政支持力度并建立动态调整机制,建立财政性建设资金对吸纳农业转移人口较多城市基础设施投资的补助机制,建立城镇建设用地增加规模与吸纳农业转移人口落户数量挂钩机制,完善城市基础设施项目融资制度;建立进城落户农民土地承包权、宅基地使用权和集体收益分配权的维护和自愿有偿退出机制,确保落户后在住房保障、基本医疗保险、养老保险、义务教育等同城同待遇,推进居住证制度覆盖全部未落户城镇常住人口。

三是强化监测检查。健全落户统计体系,强化专项检查和政策效果,将非户籍人口在城市落户情况和相关配套政策实施情况纳入国家重大政策措施落实情况跟踪审计范围。

(整理自《楚天都市报》消息)

【课外拓展】

备选 1.学生活动:向父母或者其他监护人了解自己的户籍在哪里,查看自家户口登记簿上的信息。

备选 2.学生思考题:为什么说"在影响人口迁移的诸多因素中,经济因素往往起着主导作用"?

示例 7　城市土地利用和功能分区

【渗透契机】

人教版·地理2·第二章·第一节　城市内部空间结构·城市土地利用和功能分区。

【渗透内容】

★我国实行城市规划制度,城市规划方案一般是由城市人民政府组织编制,上一级人民政府审查批准。城市建设必须符合经过审查批准的规划方案。

★★城市总体规划的内容包括城市的发展布局,功能分区,用地布局,综合交通体系,禁止、限制和适宜建设的地域范围,各类专项规划等。规划区范围、规划区内建设用地规模、基础设施和公共服务设施用地、水源地和水系、基本农田和绿化用地、环境保护、自然与历史文化遗产保护以及防灾减灾等内容,是城市总体规划的强制性内容。

【教学建议】

建议教师在"城市土地利用和功能分区"教学的结束阶段,列举一些城市老旧城区功能不配套等问题向学生说明:(1)城市的建设应当具有系统性和前瞻性,提前实行科学规划。(2)我国实行城市规划制度,城市规划方案一般由城市人民政府组织编制,上一级人民政府审查批准。城市建设必须符合经过审查批准的规划方案。

教学时间允许,可以补充说明:城市总体规划的内容包括城市的发展布局,功能分区,用地布局,综合交通体系,禁止、限制和适宜建设的地域范围,各类专项规划等。规划区范围、规划区内建设用地规模、基础设施和公共服务设施用地、水源地和水系、基本农田和绿化用地、环境保护、自然与历史文化遗产保护以及防灾减灾等内容,是城市总体规划的强制性内容。

【备教资料】

★《中华人民共和国城乡规划法》

第一条 为了加强城乡规划管理,协调城乡空间布局,改善人居环境,促进城乡经济社会全面协调可持续发展,制定本法。

第二条 制定和实施城乡规划,在规划区内进行建设活动,必须遵守本法。

本法所称城乡规划,包括城镇体系规划、城市规划、镇规划、乡规划和村庄规划。城市规划、镇规划分为总体规划和详细规划。详细规划分为控制性详细规划和修建性详细规划。

本法所称规划区,是指城市、镇和村庄的建成区以及因城乡建设和发展需要,必须实行规划控制的区域。规划区的具体范围由有关人民政府在组织编制的城市总体规划、镇总体规划、乡规划和村庄规划中,根据城乡经济社会发展水平和统筹城乡发展的需要划定。

第三条 城市和镇应当依照本法制定城市规划和镇规划。城市、镇规划区内的建设活动应当符合规划要求。

县级以上地方人民政府根据本地农村经济社会发展水平,按照因地制宜、切实可行的原则,确定应当制定乡规划、村庄规划的区域。在确定区域内的乡、村庄,应当依照本法制定规划,规划区内的乡、村庄建设应当符合规划要求。

县级以上地方人民政府鼓励、指导前款规定以外的区域的乡、村庄制定和实施乡规划、村庄规划。

第四条 制定和实施城乡规划,应当遵循城乡统筹、合理布局、节约土地、集约发展和先规划后建设的原则,改善生态环境,促进资源、能源节约和综合利用,保护耕地等自然资源和历史文化遗产,保持地方特色、民族特色和传统风貌,防止污染和其他公害,并符合区域人口发展、国防建设、防灾减灾和公共卫生、公共安全的需要。

在规划区内进行建设活动,应当遵守土地管理、自然资源和环境保护等法律、法规的规定。

县级以上地方人民政府应当根据当地经济社会发展的实际,在城市总体规划、镇总体规划中合理确定城市、镇的发展规模、步骤和建设标准。

第五条 城市总体规划、镇总体规划以及乡规划和村庄规划的编制,应当依据国民经济和社会发展规划,并与土地利用总体规划相衔接。

第七条　经依法批准的城乡规划,是城乡建设和规划管理的依据,未经法定程序不得修改。

第九条　任何单位和个人都应当遵守经依法批准并公布的城乡规划,服从规划管理,并有权就涉及其利害关系的建设活动是否符合规划的要求向城乡规划主管部门查询。

任何单位和个人都有权向城乡规划主管部门或者其他有关部门举报或者控告违反城乡规划的行为。城乡规划主管部门或者其他有关部门对举报或者控告,应当及时受理并组织核查、处理。

第十二条　国务院城乡规划主管部门会同国务院有关部门组织编制全国城镇体系规划,用于指导省域城镇体系规划、城市总体规划的编制。

全国城镇体系规划由国务院城乡规划主管部门报国务院审批。

第十三条　省、自治区人民政府组织编制省域城镇体系规划,报国务院审批。

省域城镇体系规划的内容应当包括:城镇空间布局和规模控制,重大基础设施的布局,为保护生态环境、资源等需要严格控制的区域。

第十四条　城市人民政府组织编制城市总体规划。

直辖市的城市总体规划由直辖市人民政府报国务院审批。省、自治区人民政府所在地的城市以及国务院确定的城市的总体规划,由省、自治区人民政府审查同意后,报国务院审批。其他城市的总体规划,由城市人民政府报省、自治区人民政府审批。

第十五条　县人民政府组织编制县人民政府所在地镇的总体规划,报上一级人民政府审批。其他镇的总体规划由镇人民政府组织编制,报上一级人民政府审批。

第十六条　省、自治区人民政府组织编制的省域城镇体系规划,城市、县人民政府组织编制的总体规划,在报上一级人民政府审批前,应当先经本级人民代表大会常务委员会审议,常务委员会组成人员的审议意见交由本级人民政府研究处理。

镇人民政府组织编制的镇总体规划,在报上一级人民政府审批前,应当先经镇人民代表大会审议,代表的审议意见交由本级人民政府研究处理。

规划的组织编制机关报送审批省域城镇体系规划、城市总体规划或者镇总体规划,应当将本级人民代表大会常务委员会组成人员或者镇人民代表大会代表的审议意见和根据审议意见修改规划的情况一并报送。

第十七条　城市总体规划、镇总体规划的内容应当包括:城市、镇的发展布局,功能分区,用地布局,综合交通体系,禁止、限制和适宜建设的地域范围,各类专项规划等。

规划区范围、规划区内建设用地规模、基础设施和公共服务设施用地、水源地和水系、基本农田和绿化用地、环境保护、自然与历史文化遗产保护以及防灾减灾等内容，应当作为城市总体规划、镇总体规划的强制性内容。

城市总体规划、镇总体规划的规划期限一般为二十年。城市总体规划还应当对城市更长远的发展作出预测性安排。

★《中华人民共和国土地管理法》

第四条　国家实行土地用途管制制度。

国家编制土地利用总体规划，规定土地用途，将土地分为农用地、建设用地和未利用地。严格限制农用地转为建设用地，控制建设用地总量，对耕地实行特殊保护。

第二十二条第一款　城市建设用地规模应当符合国家规定的标准，充分利用现有建设用地，不占或者尽量少占农用地。

★《中华人民共和国城市房地产管理法》

第二十五条第一款　房地产开发必须严格执行城市规划，按照经济效益、社会效益、环境效益相统一的原则，实行全面规划、合理布局、综合开发、配套建设。

【参考事例】

住建部严查违反城乡规划行为　挂牌督办 9 起违法案件　住房城乡建设部今日举行新闻发布会，通报 9 起违反城乡规划典型案件。分别是：石家庄市天颐佳苑项目突破机场净空限制违法建设案；邯郸市违反城市总体规划强制性内容审批邯郸顺益房地产开发有限公司违法建设天福苑项目案；无锡市违反城市总体规划强制性内容审批无锡山水创意产业有限公司拆迁企业安置用房项目案；厦门市在鼓浪屿—万石山国家级风景名胜区内建设云顶豪华精选酒店案；南昌市违反城市总体规划强制性内容审批钻石广场商业项目案；襄阳市突破城市总体规划建设用地范围违法建设光彩工业园案；贵阳市违反城市总体规划强制性内容审批中铁阅山湖项目案；兰州市违反城市总体规划强制性内容建设兰东花园项目案；乌鲁木齐市违反城市总规强制性内容审批新疆农业大学职工集资房项目案。

据悉，住房城乡建设部对这 9 起违法情节严重、社会影响较大、侵占绿地等公共资源的案件进行挂牌督办，由有关省住房城乡建设厅责令立即停止违法行为，依法查处违法问题，并追究有关单位和个人责任。

（整理自新华网 2015 年 6 月 15 日消息）

【课外拓展】

备选1.学生思考题:家用小汽车迅速增加,是否会影响城市的功能分区和空间结构?

备选2.学生思考题:如果你是城市规划者,随着网上购物和互联网办公的兴起,你在城市规划方面有些什么新的思考?

示例 8　城市化　城市化对地理环境的影响

【渗透契机】

人教版·地理 2·第二章·第三节　城市化·城市化对地理环境的影响。

结合课文中"随着城市的不断发展,城市的地域日益扩大,土地利用方式发生改变,环境也相应受到了影响,使得地理环境各要素发生不同程度的变化","过快的城市化就会使城市环境质量下降,甚至出现大气污染、水污染、垃圾污染和噪声污染等环境污染问题"等内容渗透。

【渗透内容】

★城镇化是人类社会发展的客观趋势,是国家现代化的重要标志,我们必须顺应发展规律,因势利导,趋利避害,积极稳妥扎实有序推进城镇化。

★★城镇化必须在遵守生态、环境、资源等相关法律的前提下推进;"生态文明,绿色低碳"是我国推进城镇化的重要原则。

【教学建议】

目前我国正在大力推进城镇化。由于教材有"过快的城市化就会使城市环境质量下降,甚至出现大气污染、水污染、垃圾污染和噪声污染等环境污染问题"内容,学生容易对我国城镇化政策产生疑问。其实国家在这方面已经有明确部署和要求,有必要将有关政策介绍给学生。

教学中,教师可以向学生说明:(1)城镇化是人类社会发展的客观趋势,是国家现代化的重要标志;(2)国家推进城镇化,对于保持经济持续健康发展、加快产业结构转型升级、解决农业农村农民问题、推动区域协调发展、促进社会全面进步具有非常重要的意义;(3)我国的城镇化,是在相关法律法规已经比较健全的情况下进行的,城镇化只会在遵守生态、环境、资源等相关法律的前提下推进;(4)《国家新型城镇化规划(2014—2020年)》把"生态文明,绿色低碳"作为推进城镇化的重要原则,城镇化中将"实行最严格的环境监管制度"。

说明：为了与现行政策、文件中的名词一致，此处使用"城镇化"一词。

【备教资料】

★《中华人民共和国环境保护法》

第三十五条　城乡建设应当结合当地自然环境的特点，保护植被、水域和自然景观，加强城市园林、绿地和风景名胜区的建设与管理。

第四十一条　建设项目中防治污染的设施，应当与主体工程同时设计、同时施工、同时投产使用。防治污染的设施应当符合经批准的环境影响评价文件的要求，不得擅自拆除或者闲置。

★《国家新型城镇化规划（2014—2020 年）》

第四章　指导思想

……

要坚持以下基本原则：

——以人为本，公平共享。……

——四化同步，统筹城乡。……

——优化布局，集约高效。……

——生态文明，绿色低碳。把生态文明理念全面融入城镇化进程，着力推进绿色发展、循环发展、低碳发展，节约集约利用土地、水、能源等资源，强化环境保护和生态修复，减少对自然的干扰和损害，推动形成绿色低碳的生产生活方式和城市建设运营模式。

——文化传承，彰显特色。……

——市场主导，政府引导。……

——统筹规划，分类指导。……

第十八章　推动新型城市建设

顺应现代城市发展新理念新趋势，推动城市绿色发展，提高智能化水平，增强历史文化魅力，全面提升城市内在品质。

第一节　加快绿色城市建设

将生态文明理念全面融入城市发展，构建绿色生产方式、生活方式和消费模式。严格控制高耗能、高排放行业发展。节约集约利用土地、水和能源等资源，促进资源循环利用,控制总连提高效率。加快建设可再生能源体系,推动分布式太阳能、风能、生物质能、地热能多元化、规模化应用,提高新能源和可再生能源利用比例。实施绿色建筑行动计划,完善绿色建筑标准及认证体系、扩大强制执行范围,加快既有建筑节能改造,大力发展绿色建材,强力推进建筑工业化。合理控制机动车保有连加快新能源汽车推广应用,改善步行、自行车出行条件,倡导绿色出行。实施大气污染防治行动计划,开展区域联防联控联治,改善城市空气质量。完善废旧商品回收体系和垃圾分类处理系统,加强城市固体废弃物循环利用和无害化处置。合理划定生态保护红线,扩大城市生态空间,增加森林、湖泊、湿地面积,将农村废弃地、其他污染土地、工矿用地转化为生态用地,在城镇化地区合理建设绿色生态廊道。

第二十七章　强化生态环境保护制度

完善推动城镇化绿色循环低碳发展的体制机制,实行最严格的生态环境保护制度,形成节约资源和保护环境的空间格局、产业结构、生产方式和生活方式。

——建立生态文明考核评价机制。把资源消耗、环境损害、生态效益纳入城镇化发展评价体系,完善体现生态文明要求的目标体系、考核办法、奖惩机制。对限制开发区域和生态脆弱的国家扶贫开发工作重点县取消地区生产总值考核。

——建立国土空间开发保护制度。建立空间规划体系,坚定不移实施主体功能区制度,划定生态保护红线,严格按照主体功能区定位推动发展,加快完善城镇化地区、农产品主产区、重点生态功能区空间开发管控制度,建立资源环境承载能力监测预警机制。强化水资源开发利用控制、用水效率控制、水功能区限制纳污管理。对不同主体功能区实行差别化财政、投资、产业、土地、人口、环境、考核等政策。

——实行资源有偿使用制度和生态补偿制度。加快自然资源及其产品价格改革,全面反映市场供求、资源稀缺程度、生态环境损害成本和修复效益。建立健全居民生活用电、用水、用气等阶梯价格制度。制定并完善生态补偿方面的政策法规,切实加大生态补偿投入力度,扩大生态补偿范围,提高生态补偿标准。

——建立资源环境产权交易机制。发展环保市场,推行节能量、碳排放权、排污权、水权交易制度,建立吸引社会资本投入生态环境保护的市场化机制,推行环境污染第三方治理。

——实行最严格的环境监管制度。建立和完善严格监管所有污染物排放的环境保护管理制度,独立进行环境监管和行政执法。完善污染物排放许可制,实行企事业单位污染物排放总霖制度。加大环境执法力度,严格环境影响评价制度,加强突发环境事件应急能力建设,完善以预防为主的环境风险管理制度。对造成生态环境损害的责任者严格实行赔偿制度,依法追究刑事责任。建立陆海统筹的生态系统保护修复和污染防治区域联动机制—展环境污染强制责任保险试点。

【参考事例】

凤冈县"四着力"推进绿色城镇化建设 贵州省凤冈县在推进绿色城镇化,打造城乡发展新格局过程中,始终坚持以人为本思想,按照"跨河环山、南北拓展、山水相融、城景互动"的发展思路,加快推进城乡一体、产城一体进程,建设"和谐宜居、富有活力,精而美、特而优"的新兴特色旅游城市和"记得住乡愁"的美丽乡村,倾力打造"全国山水田园宜居区"。到目前为止,凤冈县国家环保模范城市创建通过国家验收,成功创建为国家级生态示范区,并且获得了全国生态文明先进县、全国生态建设示范县、中国长寿之乡、中国健康小城等称号;永安镇成功创建为国家级卫生乡镇,田坝村被中央文明委授予"全国文明村镇"称号;全县已经成功创建省级生态镇 8 个、市级生态村 70 个。城镇生活环境明显优化,城镇污水处理率达到 73.6%,城乡生活垃圾无害化处理率达到 79.3%,集中式饮用水源地水质达标率、县城环境空气质量达标率达到 100%。

(贵州网 2015 年 10 月 8 日)

【课外拓展】

备选 1. 学生思考题:国家为什么要大力推进城镇化?

备选 2. 学生思考题:你心目中的"生态城市"应该是什么样的城市? 建设中应该注意些什么问题?

示例 9　工业的区位选择

【渗透契机】

人教版·地理 2·第四章·第一节　工业的区位选择。

结合教材第 61 页第一自然段及图 4.6 渗透。

【渗透内容】

★我国实行环境影响评价制度。环境影响评价,是指对规划和建设项目实施后可能造成的环境影响进行分析、预测和评估,提出预防或者减轻不良环境影响的对策和措施,进行跟踪监测的方法与制度。

★★工业建设项目的选址和建设,必须经过环境影响评价。建设项目的环境影响评价文件未依法经审批部门审查或者审查后未予批准的,建设单位不得开工建设。

【教学建议】

教学教材第 61 页第一自然段及图 4.6 时,建议教师向学生说明,在我国,工业选址和建设,在处理环境关系方面都是十分慎重的:我国实行环境影响评价制度;环境影响评价,是指对规划和建设项目实施后可能造成的环境影响进行分析、预测和评估,提出预防或者减轻不良环境影响的对策和措施,进行跟踪监测的方法与制度;工业选址和建设,必须经过环境影响评价;建设项目的环境影响评价文件未依法经审批部门审查或者审查后未予批准的,建设单位不得开工建设。除工业建设外,其他建设项目,也必须依法进行环境影响评价。

说明:环境影响评价,业内一般简称为"环评"。

【备教资料】

★《中华人民共和国环境影响评价法》

第二条　本法所称环境影响评价,是指对规划和建设项目实施后可能造成的环境

138

影响进行分析、预测和评估,提出预防或者减轻不良环境影响的对策和措施,进行跟踪监测的方法与制度。

第十六条　国家根据建设项目对环境的影响程度,对建设项目的环境影响评价实行分类管理。

建设单位应当按照下列规定组织编制环境影响报告书、环境影响报告表或者填报环境影响登记表(以下统称环境影响评价文件):

(一)可能造成重大环境影响的,应当编制环境影响报告书,对产生的环境影响进行全面评价;

(二)可能造成轻度环境影响的,应当编制环境影响报告表,对产生的环境影响进行分析或者专项评价;

(三)对环境影响很小、不需要进行环境影响评价的,应当填报环境影响登记表。

建设项目的环境影响评价分类管理名录,由国务院环境保护行政主管部门制定并公布。

第十七条　建设项目的环境影响报告书应当包括下列内容:

(一)建设项目概况;

(二)建设项目周围环境现状;

(三)建设项目对环境可能造成影响的分析、预测和评估;

(四)建设项目环境保护措施及其技术、经济论证;

(五)建设项目对环境影响的经济损益分析;

(六)对建设项目实施环境监测的建议;

(七)环境影响评价的结论。

……

环境影响报告表和环境影响登记表的内容和格式,由国务院环境保护行政主管部门制定。

第十九条　接受委托为建设项目环境影响评价提供技术服务的机构,应当经国务院环境保护行政主管部门考核审查合格后,颁发资质证书,按照资质证书规定的等级和评价范围,从事环境影响评价服务,并对评价结论负责。为建设项目环境影响评价提供技术服务的机构的资质条件和管理办法,由国务院环境保护行政主管部门制定。

国务院环境保护行政主管部门对已取得资质证书的为建设项目环境影响评价提供技术服务的机构的名单,应当予以公布。

为建设项目环境影响评价提供技术服务的机构,不得与负责审批建设项目环境影响评价文件的环境保护行政主管部门或者其他有关审批部门存在任何利益关系。

第二十条 环境影响评价文件中的环境影响报告书或者环境影响报告表,应当由具有相应环境影响评价资质的机构编制。

任何单位和个人不得为建设单位指定对其建设项目进行环境影响评价的机构。

第二十一条 除国家规定需要保密的情形外,对环境可能造成重大影响、应当编制环境影响报告书的建设项目,建设单位应当在报批建设项目环境影响报告书前,举行论证会、听证会,或者采取其他形式,征求有关单位、专家和公众的意见。

建设单位报批的环境影响报告书应当附具对有关单位、专家和公众的意见采纳或者不采纳的说明。

第二十二条 建设项目的环境影响报告书、报告表,由建设单位按照国务院的规定报有审批权的环境保护行政主管部门审批。

海洋工程建设项目的海洋环境影响报告书的审批,依照《中华人民共和国海洋环境保护法》的规定办理。

审批部门应当自收到环境影响报告书之日起六十日内,收到环境影响报告表之日起三十日内,分别作出审批决定并书面通知建设单位。

国家对环境影响登记表实行备案管理。

审核、审批建设项目环境影响报告书、报告表以及备案环境影响登记表,不得收取任何费用。

第二十五条 建设项目的环境影响评价文件未依法经审批部门审查或者审查后未予批准的,建设单位不得开工建设。

第二十六条 建设项目建设过程中,建设单位应当同时实施环境影响报告书、环境影响报告表以及环境影响评价文件审批部门审批意见中提出的环境保护对策措施。

【参考事例】

项目无环评 擅自开工受处罚 山东省环保局日前对未报批环境影响评价文件、擅自开工建设的枣庄市交通局枣曹一级公路等 13 个项目,未报批环境影响评价文件、擅自开工建设并投入生产的淄博南金兆集团年产 80 万吨焦化项目等 8 个建设项目,给予行政处罚并在全省通报批评。

2006 年,省发改委、省环保局等六厅局组成联合检查组,对全省 17 个市环境影响评价和"三同时"制度执行情况进行了专项执法检查。在检查中发现,有 13 个项目未报批环境影响评价文件。此外,还有 8 个建设项目擅自开工建设并投入生产。

　　对本次查出的违规建设项目,省环保局要求限期整改,尚未完工的企业立即停止建设,在未经批准前,不得恢复建设或进行试生产;已投入生产的立即补办手续,并给予经济处罚。

　　未报批环境影响评价文件擅自开工建设的 13 个项目:枣庄市交通局枣曹一级公路项目;佳龙卫生陶瓷有限公司生产陶瓷项目;山东盈泰集团盈泰生态园项目;东营市海威化工有限公司 AE 活性脂项目;中国农业大学烟台校区;泰安泰龙棉纺针织有限公司棉纺针织项目;中外炉铝业(山东)有限公司亲水铝箔项目;山东兰电电机有限公司特种电机生产项目;泰安市富源电力安装有限公司智能型高压开关柜制造项目;滨州清河富氏食品有限公司日宰杀 8 万只鸡项目;淄博俱进化工有限公司表面活性剂生产项目;淄博临淄有机化工公司糠醛生产项目;山东泉兴水泥有限公司擅自变更两条日产 2500 吨水泥熟料项目。

　　未报批环境影响评价文件擅自开工建设并投入生产的 8 个建设项目:淄博南金兆集团年产 80 万吨焦化项目;山东鑫泰橡胶有限公司年产 30 万套农用轮胎扩建项目;东营市瀚博化工有限公司 1500t/a 间甲基苯酚项目;泰安古河机械有限公司随车起重机项目;泰安恒越针织有限公司针织加工项目;日照新奥燃气有限公司 LNG 储备站及管网工程;渤海针织厂针织内衣童装加工项目;山东邹平三星集团有限公司热力项目。

(2006 年 4 月 27 日青岛新闻网)

【课外拓展】

　　备选 1.学生活动:想一想,建医院是否需要进行环境影响评价。查一查相关规定。

　　备选 2.学生思考题:建设项目中,如果项目建设者与当地居民在项目环境影响方面发生争议,裁判者(行政部门、人民法院等)应当以什么为科学依据进行裁判?

示例 10 人地关系思想的演变 直面环境问题

【渗透契机】

人教版·地理2·第六章·第一节 人地关系思想的演变·直面环境问题。

结合教材第94页图6.8、图6.9、图6.10渗透。

【渗透内容】

★我国已颁布实施的生态、环境、资源保护类法律已超20部。

★★我国生态、环境、资源保护类法律的执法力度前所未有,执法范围不断全面深入。

【教学建议】

作为发展中国家,沉重的人口负担、落后的生产方式、快速的经济发展,使我国的环境问题突显,但是也应该看到,党和政府非常重视环境问题,成绩不可低估。建议教师在教学教材第94页图6.8、图6.9、图6.10后,顺势说明:(1)国家在保护生态环境方面,采取了立法执法、技术推广、政策调控、宣传教育等一系列措施,而且力度越来越大。(2)从法治的层面看,已经颁布实施的生态、环境、资源保护类相关法律已超20部(法规30多件,规章90多件,地方性法规1000多件,相关国家标准400多个),立法比较完善,执法力度空前,一大批违法犯罪单位和个人被绳之以法,公民的环境法治意识普遍提高,单位和个人的守法自觉性不断增强。

时间允许,教师还可以以开餐馆、建"农家乐"也必须通过"环评"等实例说明我国环境执法的严格和具体。

【备教资料】

★ 环境、生态、资源保护相关法律（部分）

《中华人民共和国草原法》

《中华人民共和国大气污染防治法》

《中华人民共和国防洪法》

《中华人民共和国防沙治沙法》

《中华人民共和国放射性污染防治法》

《中华人民共和国固体废物污染环境防治法》

《中华人民共和国海岛保护法》

《中华人民共和国海洋环境保护法》

《中华人民共和国环境保护法》

《中华人民共和国环境影响评价法》

《中华人民共和国环境噪声污染防治法》

《中华人民共和国节约能源法》

《中华人民共和国进出境动植物检疫法》

《中华人民共和国可再生能源法》

《中华人民共和国农业法》

《中华人民共和国农业技术推广法》

《中华人民共和国清洁生产促进法》

《中华人民共和国森林法》

《中华人民共和国水法》

《中华人民共和国水土保持法》

《中华人民共和国水污染防治法》

《中华人民共和国畜牧法》

《中华人民共和国循环经济促进法》

《中华人民共和国野生动物保护法》

《中华人民共和国渔业法》

★《中华人民共和国刑法》

第三百三十八条 违反国家规定,排放、倾倒或者处置有放射性的废物、含传染病病原体的废物、有毒物质或者其他有害物质,严重污染环境的,处三年以下有期徒刑或者拘役,并处或者单处罚金;后果特别严重的,处三年以上七年以下有期徒刑,并处罚金。

第三百三十九条 违反国家规定,将境外的固体废物进境倾倒、堆放、处置的,处五年以下有期徒刑或者拘役,并处罚金;造成重大环境污染事故,致使公私财产遭受重大损失或者严重危害人体健康的,处五年以上十年以下有期徒刑,并处罚金;后果特别严重的,处十年以上有期徒刑,并处罚金。

未经国务院有关主管部门许可,擅自进口固体废物用作原料,造成重大环境污染事故,致使公私财产遭受重大损失或者严重危害人体健康的,处五年以下有期徒刑或者拘役,并处罚金;后果特别严重的,处五年以上十年以下有期徒刑,并处罚金。

以原料利用为名,进口不能用作原料的固体废物、液态废物和气态废物的,依照本法第一百五十二条第二款、第三款的规定定罪处罚。

第三百四十条 违反保护水产资源法规,在禁渔区、禁渔期或者使用禁用的工具、方法捕捞水产品,情节严重的,处三年以下有期徒刑、拘役、管制或者罚金。

第三百四十一条 非法猎捕、杀害国家重点保护的珍贵、濒危野生动物的,或者非法收购、运输、出售国家重点保护的珍贵、濒危野生动物及其制品的,处五年以下有期徒刑或者拘役,并处罚金;情节严重的,处五年以上十年以下有期徒刑,并处罚金;情节特别严重的,处十年以上有期徒刑,并处罚金或者没收财产。

违反狩猎法规,在禁猎区、禁猎期或者使用禁用的工具、方法进行狩猎,破坏野生动物资源,情节严重的,处三年以下有期徒刑、拘役、管制或者罚金。

第三百四十二条 违反土地管理法规,非法占用耕地、林地等农用地,改变被占用土地用途,数量较大,造成耕地、林地等农用地大量毁坏的,处五年以下有期徒刑或者拘役,并处或者单处罚金。

第三百四十三条 违反矿产资源法的规定,未取得采矿许可证擅自采矿,擅自进入国家规划矿区、对国民经济具有重要价值的矿区和他人矿区范围采矿,或者擅自开采国家规定实行保护性开采的特定矿种,情节严重的,处三年以下有期徒刑、拘役或者管制,并处或者单处罚金;情节特别严重的,处三年以上七年以下有期徒刑,并处罚金。

违反矿产资源法的规定,采取破坏性的开采方法开采矿产资源,造成矿产资源严重破坏的,处五年以下有期徒刑或者拘役,并处罚金。

第三百四十四条 违反国家规定,非法采伐、毁坏珍贵树木或者国家重点保护的其他植物的,或者非法收购、运输、加工、出售珍贵树木或者国家重点保护的其他植物及其制品的,处三年以下有期徒刑、拘役或者管制,并处罚金;情节严重的,处三年以上七年以下有期徒刑,并处罚金。

第三百四十五条 盗伐森林或者其他林木,数量较大的,处三年以下有期徒刑、拘役或者管制,并处或者单处罚金;数量巨大的,处三年以上七年以下有期徒刑,并处罚金;

数量特别巨大的,处七年以上有期徒刑,并处罚金。

违反森林法的规定,滥伐森林或者其他林木,数量较大的,处三年以下有期徒刑、拘役或者管制,并处或者单处罚金;数量巨大的,处三年以上七年以下有期徒刑,并处罚金。

非法收购、运输明知是盗伐、滥伐的林木,情节严重的,处三年以下有期徒刑、拘役或者管制,并处或者单处罚金;情节特别严重的,处三年以上七年以下有期徒刑,并处罚金。

盗伐、滥伐国家级自然保护区内的森林或者其他林木的,从重处罚。

第三百四十六条　单位犯本节第三百三十八条至第三百四十五条规定之罪的,对单位判处罚金,并对其直接负责的主管人员和其他直接责任人员,依照本节各该条的规定处罚。

【参考事例】

广西严惩破坏环境资源违法行为　三年内6826人获罪　世界环境日到来之际,自治区高级法院召开新闻发布会,通报我区法院在环境资源审判工作方面的情况,三年来,全区共有6826人因破坏环境资源获罪。

近年来,全区法院加大对涉及环境资源保护刑事案件的审判力度,依法严惩污染环境、乱砍滥伐、滥捕野生动物、乱采滥挖矿产资源、非法占用农用地、制污排污、非法处置进口固体废物、擅自进口固体废物等污染环境和破坏资源违法犯罪行为。

2013年1月至2016年4月,全区共审结一审破坏环境资源刑事案件4835件,判处被告人6826人,同时,依法惩治破坏环境资源犯罪背后的渎职犯罪。在已审结的案件中,龙江河镉污染事件系列案中的蓝某、韦某环境监管失职、受贿案,贺江水污染事件系列案中的黄某受贿案,分别入选2014年度、2015年度全国法院十大刑事案件。

2013年1月至2016年4月,全区法院共受理一审环境资源民事案件9688件,诉讼标的总金额39508万元。如:河池市中级法院受理的河池市人民政府诉被告广西金河矿业股份有限公司、覃某等水污染责任纠纷一案,原告诉请赔偿标的金额达到2450多万元,这是目前广西法院受理争议标的额最大的环境污染责任纠纷案。北海海事法院受理的郁江20位网箱养殖户诉广西永凯糖纸集团有限责任公司等6家企业通海水域污染损害责任纠纷系列案,该批案件在当地社会影响大,关注度高,诉讼总标的超1000万元。目前,这两起案件均还在进一步审理当中。

2013年1月至2016年4月,全区法院共受理一审环境资源行政案件5295件,其中环保行政案件 20 件,土地资源行政案件 3511 件,地矿资源行政案件 48 件。法院通过依法及时审理环境资源行政诉讼案件,加大对非诉行政案件的审查执行工作力度,支持和监督行政机关依法履行环境资源保护职能,保护了行政相对人的合法权益及公众利益。

(南宁新闻网 2016 年 6 月 3 日消息)

【课外拓展】

备选 1.学生活动:走访附近的餐馆、洗衣店、洗车场等场所,了解他们开业前是否需要"环评"。

备选 2.学生思考题:如何理解"有法可依,有法必依,执法必严,违法必究"。

示例 11　地理信息技术与数字地球

【渗透契机】

人教版·地理3·第一章·第二节　地理信息技术在区域地理环境研究中的应用·地理信息技术与数字地球。

【渗透内容】

★地理信息是国家重要的战略性信息资源,关系国家安全和利益。

★★测绘、制作、保管、发布、传输、使用地理信息,必须按照法律法规的规定进行;个人不得随意测绘、制作、发布涉密地理信息。

★★★禁止在互联网上传播或者在交互式地理信息产品(电子地图、导航仪等)上标注涉密信息。

【教学建议】

人们的生活越来越离不开地理信息产品,通过手机等终端我们可以非常方便地利用地理信息,但是关于地理信息传播、利用中如何保守国家秘密的问题,常常被人忽视。

建议教师在"3S"和"地理信息技术与数字地球"教学结束时,有意提出地理信息与国家安全的关系问题,向学生说明:地理信息是国家重要的战略性信息资源,关系到国家安全和利益;测绘、制作、保管、发布、传输、使用地理信息,必须按照法律法规的规定进行;个人不得随意测绘、制作、发布涉密地理信息;禁止在互联网上传播或者在交互式地理信息产品(电子地图、导航仪等)上标注军事设施、军工企业、人防工程、重要工程内部结构图等涉密信息。

如果教学时间允许,教师还可以补充说明:地理信息中的疆界、图色等,涉及国家主权、利益和荣誉,必须严肃对待,发现有问题的地理信息产品,公民有权举报。

【备教资料】

★《中华人民共和国宪法》

第五十四条 中华人民共和国公民有维护祖国的安全、荣誉和利益的义务,不得有危害祖国的安全、荣誉和利益的行为。

★《中华人民共和国保守国家秘密法》

第三条 国家秘密受法律保护。

一切国家机关、武装力量、政党、社会团体、企业事业单位和公民都有保守国家秘密的义务。

任何危害国家秘密安全的行为,都必须受到法律追究。

第二十四条 机关、单位应当加强对涉密信息系统的管理,任何组织和个人不得有下列行为:

(一)将涉密计算机、涉密存储设备接入互联网及其他公共信息网络;

(二)在未采取防护措施的情况下,在涉密信息系统与互联网及其他公共信息网络之间进行信息交换;

(三)使用非涉密计算机、非涉密存储设备存储、处理国家秘密信息;

(四)擅自卸载、修改涉密信息系统的安全技术程序、管理程序;

(五)将未经安全技术处理的退出使用的涉密计算机、涉密存储设备赠送、出售、丢弃或者改作其他用途。

第二十五条 机关、单位应当加强对国家秘密载体的管理,任何组织和个人不得有下列行为:

(一)非法获取、持有国家秘密载体;

(二)买卖、转送或者私自销毁国家秘密载体;

(三)通过普通邮政、快递等无保密措施的渠道传递国家秘密载体;

(四)邮寄、托运国家秘密载体出境;

(五)未经有关主管部门批准,携带、传递国家秘密载体出境。

第二十六条 禁止非法复制、记录、存储国家秘密。

禁止在互联网及其他公共信息网络或者未采取保密措施的有线和无线通信中传递国家秘密。

禁止在私人交往和通信中涉及国家秘密。

第二十七条 报刊、图书、音像制品、电子出版物的编辑、出版、印制、发行,广播节目、电视节目、电影的制作和播放,互联网、移动通信网等公共信息网络及其他传媒的信息编辑、发布,应当遵守有关保密规定。

第二十八条 互联网及其他公共信息网络运营商、服务商应当配合公安机关、国家安全机关、检察机关对泄密案件进行调查;发现利用互联网及其他公共信息网络发布的信息涉及泄露国家秘密的,应当立即停止传输,保存有关记录,向公安机关、国家安全机关或者保密行政管理部门报告;应当根据公安机关、国家安全机关或者保密行政管理部门的要求,删除涉及泄露国家秘密的信息。

★《中华人民共和国测绘法》

第二十九条 测绘成果保管单位应当采取措施保障测绘成果的完整和安全,并按照国家有关规定向社会公开和提供利用。

测绘成果属于国家秘密的,适用国家保密法律、行政法规的规定;需要对外提供的,按照国务院和中央军事委员会规定的审批程序执行。

第三十二条 中华人民共和国领域和管辖的其他海域的位置、高程、深度、面积、长度等重要地理信息数据,由国务院测绘行政主管部门审核,并与国务院其他有关部门、军队测绘主管部门会商后,报国务院批准,由国务院或者国务院授权的部门公布。

第三十三条 各级人民政府应当加强对编制、印刷、出版、展示、登载地图的管理,保证地图质量,维护国家主权、安全和利益。具体办法由国务院规定。

各级人民政府应当加强对国家版图意识的宣传教育,增强公民的国家版图意识。

★《国务院办公厅关于促进地理信息产业发展的意见》

(十六)强化安全监管。健全涉密地理信息保密管理规定,进一步完善涉密地理信息处理、分发与应用跟踪机制,加强安全监管能力建设,进一步提高涉密地理信息保密安全监管水平。加强高分辨率卫星遥感影像的应用管理。加大对涉外地理信息合作项目及其使用地理信息成果的监督力度。依法严厉打击非法获取、处理地理信息行为。深入开展各类宣传教育活动,不断提高公民的国家版图意识和地理信息安全保密意识。

★《国家测绘局关于加强涉密地理信息数据应用安全监管的通知》

一、经依法审批获得涉密地理信息数据的企事业单位(以下简称用户),必须遵守国家保密法律、法规和有关规定,建立健全保密管理制度,不得擅自向其他单位和个人复制、提供、转让或转借涉密地理信息数据。严禁任何单位和个人未经批准擅自对外提供涉密地理信息数据。

二、涉密地理信息数据只能用于被许可的范围。使用目的实现后不再需要使用涉密地理信息数据的用户要按照国家相关规定及时销毁涉密地理信息数据,并报涉密地理信息数据提供单位备案;也可请提供数据的单位核对、回收,统一销毁。如需超许可范围使用的,应另行办理审批手续。

五、在使用涉密地理信息数据的项目中,用户必须严格管理,设定涉密环境,科学合理确定使用人,落实责任,确保使用过程中涉密地理信息数据及其衍生品的安全。严禁将涉密项目在公开环境下使用,特别是在互联网上使用。

【参考事例】

2010 年 4 月,深圳市规划土地监察支队根据群众举报,发现了一个名为"月光论坛"的网站,存在大量地理信息涉密的行为。网站把国家军事上的大量信息,比如机场、舰艇还有驻港部队的地标等都在地图上展示出来。月光论坛是一个军事爱好者经常光顾的网络社区,设置了"中国核试验爆炸地点""中国军用机场""北京周边军事区域""中国军事设施收集"等八个板块,汇聚了各地网友发布的信息并进行分类整理。和普通军事论坛相比,月光论坛最显著的特点在于它直接链接到国外一家地图网站的搜索引擎上,用户们可以通过客户端软件免费浏览全球各地的高清晰卫星图片,并在上面标注出军事地点的地理坐标和相关信息。通过网络上的追踪,执法人员找到了月光论坛网站的负责人,2010 年 5 月 6 日,该负责人接受了执法部门的行政处罚,并承诺对网站进行整改。

(改编自腾讯新闻 2010 年 5 月 18 日消息)

【课外拓展】

备选 1.学生思考题:有人认为,互联网上的公开的地理信息一般没有国家秘密,一般人也接触不到国家秘密,泄密就无从谈起,你认同这种观点吗?

备选 2.学生活动:上网了解我国"北斗卫星导航系统"建设情况。

示例12 荒漠化防治的对策和措施

【渗透契机】

人教版·地理3·第二章·第一节 荒漠化的防治——以我国西北地区为例·荒漠化防治的对策和措施。

【渗透内容】

★沙化、盐渍化、贫瘠化、石漠化、荒漠化等土地退化的防治,需要综合包括法治手段在内的各方面力量。

【教学建议】

通过学习教材"荒漠化防治的对策和措施"内容,学生了解了一些基本的对策和措施。除了荒漠化,沙化、盐渍化、贫瘠化、石漠化等土地退化问题也比较严重。事实上,防治土地沙化、盐渍化、贫瘠化、石漠化、荒漠化是一个涉及生活方式转变、生产方式改革、产业结构调整、人员搬迁安置、群众生活保障、治理技术推广、治理理念创新等方方面面的系统工程,并且需要强力的资金、技术支持。建议教师在教学教材第24页"我国政府一直十分重视……"内容时,顺势说明:(1)除了荒漠化,我国的土地还存在沙化、盐渍化、贫瘠化、石漠化等问题。(2)国家为了防治土地退化,投入了大量的人、财、物力和科技力量。(3)治理理念不断创新,采取了移民搬迁等比较彻底的措施。(4)法治力量一直在为防治土地退化工作保驾护航,除了颁布实施《环境保护法》《防沙治沙法》等法律法规外,"三北"防护林建设、天然林保护、退耕还林还草等,一直在法治力量的监督、管理和促进下进行,甚至可以认为这些防治工作的过程,本身就是一个执法过程。

【备教资料】

★《中华人民共和国宪法》

第二十六条 国家保护和改善生活环境和生态环境,防治污染和其他公害。

国家组织和鼓励植树造林,保护林木。

★《中华人民共和国水土保持法》

第一条 为了预防和治理水土流失,保护和合理利用水土资源,减轻水、旱、风沙灾害,改善生态环境,保障经济社会可持续发展,制定本法。

第二条 在中华人民共和国境内从事水土保持活动,应当遵守本法。

本法所称水土保持,是指对自然因素和人为活动造成水土流失所采取的预防和治理措施。

第三条 水土保持工作实行预防为主、保护优先、全面规划、综合治理、因地制宜、突出重点、科学管理、注重效益的方针。

第四条 县级以上人民政府应当加强对水土保持工作的统一领导,将水土保持工作纳入本级国民经济和社会发展规划,对水土保持规划确定的任务,安排专项资金,并组织实施。

国家在水土流失重点预防区和重点治理区,实行地方各级人民政府水土保持目标责任制和考核奖惩制度。

第五条 国务院水行政主管部门主管全国的水土保持工作。

国务院水行政主管部门在国家确定的重要江河、湖泊设立的流域管理机构(以下简称流域管理机构),在所管辖范围内依法承担水土保持监督管理职责。

县级以上地方人民政府水行政主管部门主管本行政区域的水土保持工作。

县级以上人民政府林业、农业、国土资源等有关部门按照各自职责,做好有关的水土流失预防和治理工作。

第六条 各级人民政府及其有关部门应当加强水土保持宣传和教育工作,普及水土保持科学知识,增强公众的水土保持意识。

第七条 国家鼓励和支持水土保持科学技术研究,提高水土保持科学技术水平,推广先进的水土保持技术,培养水土保持科学技术人才。

第八条 任何单位和个人都有保护水土资源、预防和治理水土流失的义务,并有权对破坏水土资源、造成水土流失的行为进行举报。

第九条 国家鼓励和支持社会力量参与水土保持工作。

对水土保持工作中成绩显著的单位和个人,由县级以上人民政府给予表彰和奖励。

第十七条 地方各级人民政府应当加强对取土、挖砂、采石等活动的管理,预防和减轻水土流失。

禁止在崩塌、滑坡危险区和泥石流易发区从事取土、挖砂、采石等可能造成水土流失的活动。崩塌、滑坡危险区和泥石流易发区的范围,由县级以上地方人民政府划定并公告。崩塌、滑坡危险区和泥石流易发区的划定,应当与地质灾害防治规划确定的地质灾害易发区、重点防治区相衔接。

第十八条 水土流失严重、生态脆弱的地区,应当限制或者禁止可能造成水土流失的生产建设活动,严格保护植物、沙壳、结皮、地衣等。

在侵蚀沟的沟坡和沟岸、河流的两岸以及湖泊和水库的周边,土地所有权人、使用权人或者有关管理单位应当营造植物保护带。禁止开垦、开发植物保护带。

★《中华人民共和国环境保护法》

第三十三条 各级人民政府应当加强对农业环境的保护,促进农业环境保护新技术的使用,加强对农业污染源的监测预警,统筹有关部门采取措施,防治土壤污染和土地沙化、盐渍化、贫瘠化、石漠化、地面沉降以及防治植被破坏、水土流失、水体富营养化、水源枯竭、种源灭绝等生态失调现象,推广植物病虫害的综合防治。

★《中华人民共和国水法》

第九条 国家保护水资源,采取有效措施,保护植被,植树种草,涵养水源,防治水土流失和水体污染,改善生态环境。

★《中华人民共和国防沙治沙法》

第一条 为预防土地沙化,治理沙化土地,维护生态安全,促进经济和社会的可持续发展,制定本法。

★《中华人民共和国草原法》

第四十六条 禁止开垦草原。对水土流失严重、有沙化趋势、需要改善生态环境的已垦草原,应当有计划、有步骤地退耕还草;已造成沙化、盐碱化、石漠化的,应当限期治理。

第四十七条 对严重退化、沙化、盐碱化、石漠化的草原和生态脆弱区的草原,实行禁牧、休牧制度。

★《退耕还林条例》

【参考事例】

贵州启动扶贫生态移民"三年攻坚" 贵州省日前决定,从 2015 年起实施扶贫生态移民工程"三年攻坚行动计划",计划用 3 年时间打造 100 个扶贫生态移民精品示范工程,以示范工程建设为抓手,引领和推动扶贫生态移民工程转型升级,实现扶贫开发、生态修复和小城镇建设的有机统一。

贵州省是我国贫困人口最多、贫困面最大、贫困程度最深的省份。作为世界上岩溶地貌发育最典型的地区之一,贵州岩溶出露面积占全省总面积的 61.92%,是全国石漠化面积最大、类型最多、程度最深、危害最重的省份之一。山区石漠化严重、生态脆弱、交通条件差、群众生活贫困的现实促使贵州省委省政府不得不寻找生态修复和群众脱贫的新思路。贵州省水库和生态移民局局长王应政告诉记者,该省绝大多数贫困群众生活在武陵山区、乌蒙山区、滇桂黔石漠化区等连片特困地区,这些地区位于长江、珠江上游,生态地位十分重要。"把农民从生态功能脆弱区搬迁出来,可实现农民脱贫、生态修复的一举两得"。

围绕扶贫生态移民工程"三年攻坚行动计划"的实施,贵州省水库和生态移民局将紧扣"建房、搬迁、就业、配套、保障、退出"等关键环节,以移民发展为核心,针对"人往哪里搬、房子怎么建、钱从哪里来、迁后怎么办"等问题,提出了"两个坚持、四个同步"的创建措施。

"两个坚持"即坚持整村搬迁和坚持适度规模安置。据了解,此次创建的所有省级示范点将坚持以自然村为单元,实施整村搬迁,把真正贫穷的群众搬出大山,同时为土地复垦和生态恢复打下基础;同时坚持适度规模安置,探索跨乡镇、跨区域移民安置的路子,发挥集聚效应。

"四个同步"即用好资源整合政策,同步编制配套项目计划,用好土地增减挂钩政策,同步编制土地增减挂钩试点项目实施规划;用好移民培训政策,同步编制扶贫生态移民培训计划;用好农业综合开发和退耕还林政策,同步编制迁出地农业开发项目规划。

贵州省于 2012 年上半年启动实施扶贫生态移民工程,计划在 2012 年至 2020 年的 9 年时间内,将居住在深山区、石山区、集中连片贫困地区的 47.7 万户、204.3 万农村贫困人口搬迁出来。

截至目前,贵州省已通过扶贫生态移民将 42 万人搬出了大山。从根本上解决了贫困人口的生存和发展问题,有效遏制了生态环境恶化趋势,促进了生态恢复、建设和保护。

(根据中国经济网 2015 年 1 月 27 日消息改编)

【课外拓展】

备选 1.学生思考题:在生态环境保护和治理中,法律发挥什么作用?

备选 2.学生思考题:防治荒漠化,除了教材提出的对策和措施,你还想到了哪些对策和措施?

示例 13　能源资源的开发
——以我国山西省为例

【渗透契机】

人教版·地理3·第三章·第一节　能源资源的开发——以我国山西省为例。

教学小结时渗透。

【渗透内容】

★各级人民政府负有发展循环经济规划计划、组织协调、监督管理等方面的职责。

★★各级人民政府按照《循环经济促进法》发展和管理循环经济,是依法行政的体现。

【教学建议】

教材用大量篇幅介绍了山西省煤炭工业走循环经济之路的情况,并且安排了相应的阅读内容。山西省的做法值得肯定,学生也能从教材内容认识发展循环经济的重要性和紧迫性。事实上,《循环经济促进法》已经把发展循环经济,明确为政府职责,是各级人民政府的重要工作内容。建议教师在本节小结时,向学生说明:(1)发展循环经济是一个综合工程,需要政府的统筹。(2)法律规定,各级人民政府负有发展循环经济规划计划、组织协调、监督管理等方面的职责。(3)各级人民政府按照《循环经济促进法》发展和管理循环经济,是"依法行政"的体现。

进行本渗透,不但可以让学生认识到政府在发展循环经济中的作用,还可以让学生形成"政府必须遵守法律,履行法律规定职责"的意识,初步建立"政府必须依法行政"的观念。

【备教资料】

★《中华人民共和国循环经济促进法》

第一条　为了促进循环经济发展,提高资源利用效率,保护和改善环境,实现可持续发展,制定本法。

第二条 本法所称循环经济,是指在生产、流通和消费等过程中进行的减量化、再利用、资源化活动的总称。

本法所称减量化,是指在生产、流通和消费等过程中减少资源消耗和废物产生。

本法所称再利用,是指将废物直接作为产品或者经修复、翻新、再制造后继续作为产品使用,或者将废物的全部或者部分作为其他产品的部件予以使用。

本法所称资源化,是指将废物直接作为原料进行利用或者对废物进行再生利用。

第三条 发展循环经济是国家经济社会发展的一项重大战略,应当遵循统筹规划、合理布局,因地制宜、注重实效,政府推动、市场引导,企业实施、公众参与的方针。

第四条 发展循环经济应当在技术可行、经济合理和有利于节约资源、保护环境的前提下,按照减量化优先的原则实施。

在废物再利用和资源化过程中,应当保障生产安全,保证产品质量符合国家规定的标准,并防止产生再次污染。

第五条 国务院循环经济发展综合管理部门负责组织协调、监督管理全国循环经济发展工作;国务院环境保护等有关主管部门按照各自的职责负责有关循环经济的监督管理工作。

县级以上地方人民政府循环经济发展综合管理部门负责组织协调、监督管理本行政区域的循环经济发展工作;县级以上地方人民政府环境保护等有关主管部门按照各自的职责负责有关循环经济的监督管理工作。

第六条 国家制定产业政策,应当符合发展循环经济的要求。

县级以上人民政府编制国民经济和社会发展规划及年度计划,县级以上人民政府有关部门编制环境保护、科学技术等规划,应当包括发展循环经济的内容。

第八条 县级以上人民政府应当建立发展循环经济的目标责任制,采取规划、财政、投资、政府采购等措施,促进循环经济发展。

【参考事例】

扬州市正式印发"十三五"循环经济规划 近日,市发改委组织编制的《扬州市"十三五"循环经济发展规划》(以下称《规划》)正式印发实施。《规划》全面总结了扬州市循环经济发展现状,明确了该市下一步循环经济发展的总体思路、发展目标和重点任务。《规划》明确,到2020年,"一基地三园区"的循环经济产业布局基本形成,工业、农业、服务业领域的重点循环产业链条基本构建,覆盖全市域的资源回收体系基本建立,一批循环经济示范工程建成推广,循环经济发展水平走在全省前列,国家循环经济示范城市全面创成。

"十二五"时期,扬州市圆满完成"十二五"节能减排目标,去年正式入选"国家循环经济示范城市",但一些突出矛盾依然存在,循环产业链条尚未全覆盖;再生资源回收体系尚未健全;统计考核工作有待加强。对此,《规划》提出"十三五"总体思路为,初步形成覆盖全社会的资源循环利用体系,努力将扬州建设成为绿色、低碳、循环发展的先行示范区。

《规划》提出,全市循环经济"十三五"时期的主要目标是,资源产出率从2015年的0.45万元/吨,到2020年提升至0.52万元/吨;单位GDP能耗对比"十二五"下降17%;单位工业增加值用水量从2015年的10.43吨/万元,2020年下降至8.66吨/万元。

《规划》同时确定,到2020年,餐厨废弃物资源化利用和无害化处理率达85%,建筑垃圾回收利用率达80%,城镇污水达标处理率保持在100%,等等。

《规划》首次提出,开展循环型社区建设试点,实施低碳家庭建设工程,力争到2020年,全市建成10个循环型社区,创成低碳家庭1000家左右。

(中国扬州网2016年9月19日消息)

【课外拓展】

备选1.学生思考题:公民在发展循环经济中,有没有相应义务,如有,如何切实履行好这些义务。

备选2.学生活动:你如何理解"依法行政"? 查一查正规资料,看看你的理解和资料上的解释是否一致。

示例14 影响产业转移的因素

【渗透契机】

人教版·地理3·第五章·第二节 产业转移·影响产业转移的因素·内部交易成本因素。

【渗透内容】

★法治因素也是企业家权衡企业是否转移的重要因素。

★★在中国境内的外国企业、其他外国经济组织以及中外合资经营的企业,都必须遵守中华人民共和国的法律,其合法的权利和利益受中华人民共和国法律的保护。

★★★中国的企业和经济组织在国外投资、经营,也应当遵守相应的国际准则和相关国家的法律。

【教学建议】

教材本身已经谈及企业与政府打交道的问题。事实上,内部交易成本因素中,法治、政策因素是非常敏感、重要的。由于交易成本低,企业家往往愿意选择环保、用工等方面监管不严的地区转移,随之而出现的可能就是环境污染、工人受到不公正待遇等问题。教学时,建议教师有意补充讲解下列内容的全部或者部分:(1)我国实行改革开放政策,允许外国企业来华投资、生产和经营,但是有些行业是国家禁止或限制的。(2)法律规定,在中国境内的外国企业、其他外国经济组织以及中外合资经营的企业,都必须遵守中华人民共和国的法律,不得损害中国的社会公共利益。(3)中国境内的外国企业、其他外国经济组织以及中外合资经营的企业,其合法的权利和利益受中华人民共和国法律的保护。(4)在法律授权的范围内,中央政府和地方政府有权拒绝和限制一些行业的外国投资,各级政府也不得超越法律规定以优惠条件吸引这些行业的外国投资。(5)中国的企业和经济组织在国外投资、经营,也应当遵守相应的国际准则和相关国家的法律。

通过讲解,学生不但可以了解我国的相关法律、政策,还可以认识到,法治因素也是企业家权衡企业是否转移的重要因素,我国法治"门槛"的设置具有非常重要的作用,以弥补教材内容的不足。

【备教资料】

★《中华人民共和国宪法》

第十八条　中华人民共和国允许外国的企业和其他经济组织或者个人依照中华人民共和国法律的规定在中国投资,同中国的企业或者其他经济组织进行各种形式的经济合作。

在中国境内的外国企业和其他外国经济组织以及中外合资经营的企业,都必须遵守中华人民共和国的法律。它们的合法的权利和利益受中华人民共和国法律的保护。

★《中华人民共和国外资企业法》

第三条　设立外资企业,必须有利于中国国民经济的发展。国家鼓励举办产品出口或者技术先进的外资企业。

国家禁止或者限制设立外资企业的行业由国务院规定。

第四条　外国投资者在中国境内的投资、获得的利润和其他合法权益,受中国法律保护。

外资企业必须遵守中国的法律、法规,不得损害中国的社会公共利益。

第十一条　外资企业依照经批准的章程进行经营管理活动,不受干涉。

第十二条　外资企业雇用中国职工应当依法签定合同,并在合同中订明雇用、解雇、报酬、福利、劳动保护、劳动保险等事项。

第十三条　外资企业的职工依法建立工会组织,开展工会活动,维护职工的合法权益。

外资企业应当为本企业工会提供必要的活动条件。

★《中华人民共和国中外合资经营企业法》

第一条　中华人民共和国为了扩大国际经济合作和技术交流,允许外国公司、企业和其它经济组织或个人(以下简称外国合营者),按照平等互利的原则,经中国政府批准,在中华人民共和国境内,同中国的公司、企业或其它经济组织(以下简称中国合营者)共同举办合营企业。

第二条　中国政府依法保护外国合营者按照经中国政府批准的协议、合同、章程在合营企业的投资、应分得的利润和其它合法权益。

合营企业的一切活动应遵守中华人民共和国法律、法规的规定。

国家对合营企业不实行国有化和征收;在特殊情况下,根据社会公共利益的需要,对合营企业可以依照法律程序实行征收,并给予相应的补偿。

第七条　合营企业的职工依法建立工会组织,开展工会活动,维护职工的合法权益。

合营企业应当为本企业工会提供必要的活动条件。

【参考事例】

中国限制和禁止外商投资高耗污染行业减轻环境压力　2008年3月5日,时任国务院总理温家宝在提交十一届全国人大一次会议审议的政府工作报告中提出:限制和禁止高耗能、高排放和部分资源性外资项目,切实纠正招商引资中违法违规的做法。温家宝说,中国政府要"拓展对外开放广度和深度,提高开放型经济水平"。

中国是近年来吸引外资最为成功的国家之一,2007年仅实际使用外资金额就达747.68亿美元。然而,过于重视外资数量也带来了不少负面效应。有调研表明,一些部门和地方政府把引进外资金额变成"政绩工程",一些短期化、高耗能和环境污染严重的产业链低端项目纷纷落户中国。中国环境与发展国际合作委员会专题政策研究课题组2月底发表的一份报告指出,1995年投资资源消耗型、污染密集型产业的外商占外资企业数的30%左右,而到2005年,这一比例上升到84.19%。与此相比,环保产业的外商投资比例不到0.2%。课题组成员认为:这意味中国的资源和原材料"补贴"了外国消费者,同时把大量污染留在国内,"这种局面必须得到改变!"

根据中国政府2007年12月颁布实施的新版《外商投资产业指导目录》,外商投资企业一方面被限制或禁止进入"两高一资"领域,但被鼓励进入循环经济、清洁生产、可再生能源和生态环境保护以及资源综合利用等领域。国家发改委对外经济研究所所长张燕生说,更加严格的门槛条件并不是"不欢迎外资",而是希望优化外资引进的结构,"外资项目不应该把烟囱带进来,现在应该把研发中心、运营中心和配送中心带入中国。"

目前,中国已经取消了1115个"两高一资"(主要是指高耗能、高排放、资源性行业和产品)产品的出口退税,同时严格控制外商投资"两高一资"领域。根据海关统计,

2007年,中国"两高一资"商品出口量普遍出现下降或增速回落。尽管采取了更为严格的措施,但中国对于外资的吸引力并没有下降。2008年1月,中国实际使用外资金额112亿美元,同比增长109.78%。

(改编自新华网2008年3月5日消息)

【课外拓展】

备选1.学生思考题:设置外资企业准入"门槛"和改革开放政策相矛盾吗？为什么？

备选2.学生思考题:我国内部也在发生产业转移,分析其产业转移的原因有哪些。

示例 15　海洋环境问题与环境保护

【渗透契机】

人教版·地理选修 2·第六章·第二节　海洋环境问题与环境保护。

结合"海洋环境污染""海洋生态破坏""海洋环境保护"等内容渗透。

【渗透内容】

★《联合国海洋法公约》规定各国有保护和保全海洋环境的义务。

★★我国 1982 年即已颁布《海洋环境保护法》(已两次修订),2009 年又颁布《海岛保护法》,海洋环境保护法律进一步完善。

【教学建议】

污染物入海和海洋(海岛)的开发利用,是造成海洋环境污染和生态破坏的重要原因。建议教师在教学时,适时介绍《联合国海洋法公约》中"各国有保护和保全海洋环境的义务"的规定;向学生说明:我国高度重视海洋环境保护问题,早在 1982 年即已颁布实施《海洋环境保护法》,并且 1999 年、2013 年两次进行修订完善;2009 年又颁布《海岛保护法》,海洋环境保护法律进一步完善,两法在海洋环境保护方面发挥了重要作用。

教学中,不要求介绍《海洋环境保护法》《海岛保护法》的具体条款。

【备教资料】

★《中华人民共和国海洋环境保护法》

第一条　为了保护和改善海洋环境,保护海洋资源,防治污染损害,维护生态平衡,保障人体健康,促进经济和社会的可持续发展,制定本法。

第二条　本法适用于中华人民共和国内水、领海、毗连区、专属经济区、大陆架以及中华人民共和国管辖的其他海域。

在中华人民共和国管辖海域内从事航行、勘探、开发、生产、旅游、科学研究及其他活动,或者在沿海陆域内从事影响海洋环境活动的任何单位和个人,都必须遵守本法。

在中华人民共和国管辖海域以外,造成中华人民共和国管辖海域污染的,也适用本法。

第三条　国家建立并实施重点海域排污总量控制制度,确定主要污染物排海总量控制指标,并对主要污染源分配排放控制数量。具体办法由国务院制定。

第四条　一切单位和个人都有保护海洋环境的义务,并有权对污染损害海洋环境的单位和个人,以及海洋环境监督管理人员的违法失职行为进行监督和检举。

第五条　国务院环境保护行政主管部门作为对全国环境保护工作统一监督管理的部门,对全国海洋环境保护工作实施指导、协调和监督,并负责全国防治陆源污染物和海岸工程建设项目对海洋污染损害的环境保护工作。

国家海洋行政主管部门负责海洋环境的监督管理,组织海洋环境的调查、监测、监视、评价和科学研究,负责全国防治海洋工程建设项目和海洋倾倒废弃物对海洋污染损害的环境保护工作。

国家海事行政主管部门负责所辖港区水域内非军事船舶和港区水域外非渔业、非军事船舶污染海洋环境的监督管理,并负责污染事故的调查处理;对在中华人民共和国管辖海域航行、停泊和作业的外国籍船舶造成的污染事故登轮检查处理。船舶污染事故给渔业造成损害的,应当吸收渔业行政主管部门参与调查处理。

国家渔业行政主管部门负责渔港水域内非军事船舶和渔港水域外渔业船舶污染海洋环境的监督管理,负责保护渔业水域生态环境工作,并调查处理前款规定的污染事故以外的渔业污染事故。

军队环境保护部门负责军事船舶污染海洋环境的监督管理及污染事故的调查处理。

沿海县级以上地方人民政府行使海洋环境监督管理权的部门的职责,由省、自治区、直辖市人民政府根据本法及国务院有关规定确定。

★《中华人民共和国海岛保护法》

第一条　为了保护海岛及其周边海域生态系统,合理开发利用海岛自然资源,维护国家海洋权益,促进经济社会可持续发展,制定本法。

第二条　从事中华人民共和国所属海岛的保护、开发利用及相关管理活动,适用本法。

本法所称海岛,是指四面环海水并在高潮时高于水面的自然形成的陆地区域,包括有居民海岛和无居民海岛。

本法所称海岛保护,是指海岛及其周边海域生态系统保护,无居民海岛自然资源保护和特殊用途海岛保护。

第三条 国家对海岛实行科学规划、保护优先、合理开发、永续利用的原则。

国务院和沿海地方各级人民政府应当将海岛保护和合理开发利用纳入国民经济和社会发展规划,采取有效措施,加强对海岛的保护和管理,防止海岛及其周边海域生态系统遭受破坏。

第四条 无居民海岛属于国家所有,国务院代表国家行使无居民海岛所有权。

第五条 国务院海洋主管部门和国务院其他有关部门依照法律和国务院规定的职责分工,负责全国有居民海岛及其周边海域生态保护工作。沿海县级以上地方人民政府海洋主管部门和其他有关部门按照各自的职责,负责本行政区域内有居民海岛及其周边海域生态保护工作。

国务院海洋主管部门负责全国无居民海岛保护和开发利用的管理工作。沿海县级以上地方人民政府海洋主管部门负责本行政区域内无居民海岛保护和开发利用管理的有关工作。

第七条 国务院和沿海地方各级人民政府应当加强对海岛保护的宣传教育工作,增强公民的海岛保护意识,并对在海岛保护以及有关科学研究工作中做出显著成绩的单位和个人予以奖励。

任何单位和个人都有遵守海岛保护法律的义务,并有权向海洋主管部门或者其他有关部门举报违反海岛保护法律、破坏海岛生态的行为。

★《联合国海洋法公约》

第一九二条 各国有保护和保全海洋环境的义务。

第一九四条 1.各国应在适当情形下个别或联合地采取一切符合本公约的必要措施,防止、减少和控制任何来源的海洋环境污染……

【参考事例】

美国康菲公司与中海油合作开发的蓬莱19-3油田于2011年6月发生溢油事故,康菲被指处理渤海漏油事故不力。12月,康菲公司遭到百名养殖户的起诉。国家海洋局于2012年4月27日宣布:依据《海洋环境保护法》规定,蓬莱19-3油田溢油事故造成的损失必须有相应的赔偿。

索赔工作在有关部门密切和大力支持下目前已取得重大进展。康菲石油中国公司和中国海洋石油总公司总计支付 16.83 亿元,其中,康菲公司出资 10.9 亿元,赔偿本次溢油事故对海洋生态造成的损失;中海油和康菲公司分别出资 4.8 亿元和 1.13 亿元,承担保护渤海环境的社会责任。

国家海洋局表示,上述资金将用于渤海生态建设与环境保护、渤海入海石油类污染物减排、受损海洋生态环境修复等。

(改编自中国广播网 2012 年 4 月 27 日消息)

【课外拓展】

备选 1.学生思考题:海洋环境污染主要来自哪些方面?

备选 2.学生思考题:如果在海边或海岛上,是否有保护海洋环境的义务?

示例16 维护海洋权益 加强国际合作

【渗透契机】

人教版·地理选修2·第六章·第三节 维护海洋权益 加强国际合作。

结合"海洋权益""我国的海洋国情"等内容渗透。

【渗透内容】

★《领海及毗连区法》《专属经济区和大陆架法》是我国处理相关主权和管辖权问题的重要法律依据。

【教学建议】

我国海洋权益面临严峻挑战,教学中有必要向学生介绍现实情况和我国的相关法律。建议教师在教学时,适时介绍钓鱼岛、黄岩岛、南海仲裁闹剧等方面的情况,向学生说明:《领海及毗连区法》《专属经济区和大陆架法》基于历史性权利对我国的海洋主权和管辖权进行了明确,是我国处理相关主权和管辖权问题的重要法律依据;我国尊重加入的相关国际公约,历来主张采取平等协商谈判的途径解决争议,但是一切侵害我国海洋权益和假借国际力量企图声索权益主张的行为,我国都将予以坚决的抵制和拒绝。

进行时间允许,教师可以适当介绍两部法律中与教材内容紧密关联的条款或者概念。

【备教资料】

★ 《中华人民共和国领海及毗连区法》

第一条 为行使中华人民共和国对领海的主权和对毗连区的管制权,维护国家安全和海洋权益,制定本法。

第二条 中华人民共和国领海为邻接中华人民共和国陆地领土和内水的一带海域。

中华人民共和国的陆地领土包括中华人民共和国大陆及其沿海岛屿、台湾及其包括钓鱼岛在内的附属各岛、澎湖列岛、东沙群岛、西沙群岛、中沙群岛、南沙群岛以及其他一切属于中华人民共和国的岛屿。

中华人民共和国领海基线向陆地一侧的水域为中华人民共和国的内水。

第三条 中华人民共和国领海的宽度从领海基线量起为十二海里。

中华人民共和国领海基线采用直线基线法划定,由各相邻基点之间的直线连线组成。

中华人民共和国领海的外部界限为一条其每一点与领海基线的最近点距离等于十二海里的线。

第四条 中华人民共和国毗连区为领海以外邻接领海的一带海域。毗连区的宽度为十二海里。

中华人民共和国毗连区的外部界限为一条其每一点与领海基线的最近点距离等于二十四海里的线。

第五条 中华人民共和国对领海的主权及于领海上空、领海的海床及底土。

第六条 外国非军用船舶,享有依法无害通过中华人民共和国领海的权利。

外国军用船舶进入中华人民共和国领海,须经中华人民共和国政府批准。

第七条 外国潜水艇和其他潜水器通过中华人民共和国领海,必须在海面航行,并展示其旗帜。

第八条 外国船舶通过中华人民共和国领海,必须遵守中华人民共和国法律、法规,不得损害中华人民共和国的和平、安全和良好秩序。

外国核动力船舶和载运核物质、有毒物质或者其他危险物质的船舶通过中华人民共和国领海,必须持有有关证书,并采取特别预防措施。

中华人民共和国政府有权采取一切必要措施,以防止和制止对领海的非无害通过。

外国船舶违反中华人民共和国法律、法规的,由中华人民共和国有关机关依法处理。

第十一条 任何国际组织、外国的组织或者个人,在中华人民共和国领海内进行科学研究、海洋作业等活动,须经中华人民共和国政府或者其有关主管部门批准,遵守中华人民共和国法律、法规。

违反前款规定,非法进入中华人民共和国领海进行科学研究、海洋作业等活动的,由中华人民共和国有关机关依法处理。

第十二条 外国航空器只有根据该国政府与中华人民共和国政府签订的协定、协议,或者经中华人民共和国政府或者其授权的机关批准或者接受,方可进入中华人民共和国领海上空。

第十三条 中华人民共和国有权在毗连区内,为防止和惩处在其陆地领土、内水或者领海内违反有关安全、海关、财政、卫生或者入境出境管理的法律、法规的行为行使管制权。

★《中华人民共和国专属经济区和大陆架法》

第一条 为保障中华人民共和国对专属经济区和大陆架行使主权权利和管辖权,维护国家海洋权益,制定本法。

第二条 中华人民共和国的专属经济区,为中华人民共和国领海以外并邻接领海的区域,从测算领海宽度的基线量起延至二百海里。

中华人民共和国的大陆架,为中华人民共和国领海以外依本国陆地领土的全部自然延伸,扩展到大陆边外缘的海底区域的海床和底土;如果从测算领海宽度的基线量起至大陆边外缘的距离不足二百海里,则扩展至二百海里。

中华人民共和国与海岸相邻或者相向国家关于专属经济区和大陆架的主张重叠的,在国际法的基础上按照公平原则以协议划定界限。

第三条 中华人民共和国在专属经济区为勘查、开发、养护和管理海床上覆水域、海床及其底土的自然资源,以及进行其他经济性开发和勘查,如利用海水、海流和风力生产能等活动,行使主权权利。

中华人民共和国对专属经济区的人工岛屿、设施和结构的建造、使用和海洋科学研究、海洋环境的保护和保全,行使管辖权。

本法所称专属经济区的自然资源,包括生物资源和非生物资源。

第四条 中华人民共和国为勘查大陆架和开发大陆架的自然资源,对大陆架行使主权权利。

中华人民共和国对大陆架的人工岛屿、设施和结构的建造、使用和海洋科学研究、海洋环境的保护和保全,行使管辖权。

中华人民共和国拥有授权和管理为一切目的在大陆架上进行钻探的专属权利。

本法所称大陆架的自然资源,包括海床和底土的矿物和其他非生物资源,以及属于定居种的生物,即在可捕捞阶段在海床上或者海床下不能移动或者其躯体须与海床或者底土保持接触才能移动的生物。

第五条 任何国际组织、外国的组织或者个人进入中华人民共和国的专属经济区从事渔业活动,必须经中华人民共和国主管机关批准,并遵守中华人民共和国的法律、法规及中华人民共和国与有关国家签订的条约、协定。

中华人民共和国主管机关有权采取各种必要的养护和管理措施,确保专属经济区的生物资源不受过度开发的危害。

第七条　任何国际组织、外国的组织或者个人对中华人民共和国的专属经济区和大陆架的自然资源进行勘查、开发活动或者在中华人民共和国的大陆架上为任何目的进行钻探,必须经中华人民共和国主管机关批准,并遵守中华人民共和国的法律、法规。

第九条　任何国际组织、外国的组织或者个人在中华人民共和国的专属经济区和大陆架进行海洋科学研究,必须经中华人民共和国主管机关批准,并遵守中华人民共和国的法律、法规。

第十一条　任何国家在遵守国际法和中华人民共和国的法律、法规的前提下,在中华人民共和国的专属经济区享有航行、飞越的自由,在中华人民共和国的专属经济区和大陆架享有铺设海底电缆和管道的自由,以及与上述自由有关的其他合法使用海洋的便利。铺设海底电缆和管道的路线,必须经中华人民共和国主管机关同意。

第十三条　中华人民共和国在专属经济区和大陆架享有的权利,本法未作规定的,根据国际法和中华人民共和国其他有关法律、法规行使。

★《联合国海洋法公约》

第三十三条　1.沿海国可在毗连其领海称为毗连区的区域内,行使为下列事项所必要的管制:

(a)防止在其领土或领海内违犯其海关、财政、移民或卫生的法律和规章;

(b)惩治在其领土或领海内违犯上述法律和规章的行为。

……

第五十六条　1.沿海国在专属经济区内有:(a)以勘探和开发、养护和管理海床上覆水域和海床及其底土的自然资源(不论为生物或非生物资源)为目的的主权权利,以及关于在该区内从事经济性开发和勘探,如利用海水、海流和风力生产能等其他活动的主权权利;(b)本公约有关条款规定的对下列事项的管辖权:

(1)人工岛屿、设施和结构的建造和使用;

(2)海洋科学研究;

(3)海洋环境的保护和保全;

……

【参考事例】

　　中国执法船巡航钓鱼岛1周年　2012年9月11日,日本政府宣布"购买"钓鱼岛。针对日方侵犯我国主权的行为,国家海洋局组织中国海监持续开展钓鱼岛海域维权巡航执法,以实际行动宣示了主权。一年来,中国政府公务执法船舶已成功实现了在钓鱼岛海域的常态巡航,并适时组织钓鱼岛领海内巡航59次,钓鱼岛领海内海空联合巡航1次。针对日方右翼渔船非法进入钓鱼岛领海活动的情况,我公务执法船舶多次开展执法行动,切实增强了我国对钓鱼岛海域的管控力度。

　　回顾一年来的钓鱼岛维权执法行动,我国政府公务船、飞机巡航已经在钓鱼岛海域实现了历史性突破,这是我国政府公务船在钓鱼岛海域取得的重大成果。我国将不断推进钓鱼岛维权执法,以实际行动维护中华民族的领土主权和海洋权益,并奉劝日方要正视历史,不要再干侵害我国主权的事情,不要在错误的道路上越走越远。

(改编自国家海洋局网站2013年9月10日消息)

【课外拓展】

　　备选1.学生活动:上中国人大网阅读《领海及毗连区法》《专属经济区和大陆架法》。

　　备选2.学生活动:我国与"海"有关的法律还有哪些,试着上网搜集整理一下。

170

示例 17　旅游开发中的环境保护

【渗透契机】

人教版·地理选修 3·第四章·第二节　旅游开发中的环境保护·旅游环境保护。

结合教材第 60 页图 4.8"立法机关"渗透。

【渗透内容】

★我国已颁布实施《旅游法》。

★★除"总则"和"附则"外,《旅游法》分章就旅游者、旅游规划和促进、旅游经营、旅游服务合同、旅游安全、旅游监督管理、旅游纠纷处理、法律责任分别作出了法律规定。

【教学建议】

《旅游法》是目前为止我国旅游业最全面、最重要的法律法规。旅游地理作为专门性选修课,有必要相对详细地渗透《旅游法》的有关内容。教材第 60 页图 4.8"立法机关"等内容为渗透该法律提供了契机。建议教师在教学旅游环境保护立法时,顺势利用一定的时间,向学生说明:我国 2013 年已颁布实施《旅游法》,除"总则"和"附则"外,《旅游法》分章就旅游者、旅游规划和促进、旅游经营、旅游服务合同、旅游安全、旅游监督管理、旅游纠纷处理、法律责任分别作出了法律规定。时间允许,教师可以介绍和讲解与旅游地理课程内容密切相关、学生感兴趣的法律条款。

有条件的,建议将《旅游法》文本(电子文本)提供给学生,供学生课外阅读。

【备教资料】

★《中华人民共和国旅游法》

【参考事例】

事例 1.国家旅游局查处 5 起典型案件 5 月 3 日,国家旅游局公布了今年五一小长假期间旅游投诉和典型案件查处情况。天安门地区非法揽客案,张家界中青旅国际旅行社有限公司擅自变更行程、胁迫游客参加自费项目案,昆明飞翔旅行社有限公司西安分公司虚假宣传案,沈阳鸿宇旅行社有限公司超范围经营案,游客杞某某破坏环境资源案等 5 起典型案件被查处。

据统计,自 4 月 30 日至 5 月 2 日,全国共处理旅游投诉 253 件。其中,旅游景区 155 件、旅行社 43 件、在线旅游 21 件、旅游住宿 20 件、导游领队 4 件、交通 2 件、其他 8 件。

天安门地区非法揽客案。4 月 30 日上午 10 点,监控探头实时记录天安门广场一名男子多次追逐、纠缠游客,被警察控制。该男子承认,他将同意前往水关长城的游客带到天安门周边,交给开私家车的接头人,然后私家车会将游客带往各旅游集散地大巴车,拼团后将游客拉至景点。当天,警方共抓获呲活揽客不法人员 4 名、散发小广告人员 7 名、无照游商 11 名,其中治安拘留 3 人。

事例 2.游客杞某某破坏环境资源案 杞某某参加旅行社组织的赴台湾旅游,在台东县富山渔业资源保育区参观游览时,盗采活体珊瑚共计 0.5 公斤,违反当地环保法相关规定,被法院处以 4000 元新台币的罚款。根据《国家旅游局关于游客不文明行为记录管理暂行办法》第五条的规定,经专家委员会审核,将杞某某的行为列入游客不文明行为记录,信息保存期限二年。

(改编自《中国消费者报》2016 年 5 月 4 日消息)

【课外拓展】

备选 1.学生活动:阅读《旅游法》。

备选 2.学生思考题:为什么景区有时会控制旅游者流量?

示例18　保护城乡特色景观和传统文化的措施

【渗透契机】

人教版·地理选修4·第二章·第三节　城乡特色景观与传统文化的保护·保护城乡特色景观和传统文化的措施。

结合"用严格的法律或法规条例作为保护的依据"渗透。

【渗透内容】

★目前我国颁布实施的与城乡特色景观和传统文化保护有关的法律法规和规章有《城乡规划法》《文物保护法》《非物质文化遗产法》《历史文化名城名镇名村保护条例》《长城保护条例》《水下文物保护管理条例》《世界文化遗产保护管理办法》《文物保护工程管理办法》等。

★★各省、市、自治区及一些重要文物、景观、传统文化所在地区,基本都制定有相应的地方性法规。

【教学建议】

建议教师在教学"用严格的法律或法规条例作为保护的依据"时,设问"你所知道的相关法律法规还有哪些?"总结学生的回答、讨论指出:目前我国颁布实施的与城乡特色景观和传统文化保护有关的法律、法规、部门规章有《城乡规划法》《文物保护法》《非物质文化遗产法》《历史文化名城名镇名村保护条例》《长城保护条例》《水下文物保护管理条例》《世界文化遗产保护管理办法》《文物保护工程管理办法》等;除此之外,各省、市、自治区及一些重要文物、景观、传统文化所在地区,基本都制定有相应的地方性法规。

如果学校所在行政区域有相应的地方性法规,建议教师予以介绍,简单说明立法背景和立法意义。

【备教资料】

★《中华人民共和国宪法》

第二十二条第二款 国家保护名胜古迹、珍贵文物和其他重要历史文化遗产。

★《中华人民共和国城乡规划法》

第三十条 城市新区的开发和建设,应当合理确定建设规模和时序,充分利用现有市政基础设施和公共服务设施,严格保护自然资源和生态环境,体现地方特色。

在城市总体规划、镇总体规划确定的建设用地范围以外,不得设立各类开发区和城市新区。

第三十一条 旧城区的改建,应当保护历史文化遗产和传统风貌,合理确定拆迁和建设规模,有计划地对危房集中、基础设施落后等地段进行改建。

历史文化名城、名镇、名村的保护以及受保护建筑物的维护和使用,应当遵守有关法律、行政法规和国务院的规定。

第三十二条 城乡建设和发展,应当依法保护和合理利用风景名胜资源,统筹安排风景名胜区及周边乡、镇、村庄的建设。

风景名胜区的规划、建设和管理,应当遵守有关法律、行政法规和国务院的规定。

★《中华人民共和国文物保护法》

★《中华人民共和国非物质文化遗产法》

★《历史文化名城名镇名村保护条例》

★《长城保护条例》

★《中华人民共和国水下文物保护管理条例》

★《世界文化遗产保护管理办法》

★《文物保护工程管理办法》

★《保护世界文化和自然遗产公约》

★《保护非物质文化遗产公约》

【参考事例】

　　贵州镇远县三大举措加强古城保护和开发建设　近年以来,镇远县充分发掘极为宝贵的历史文化资源和得天独厚的自然山水风光,大力实施"文化旅游兴县"战略,树立"在加快发展中重点保护,在全力保护中合理利用"的理念,按照"修旧如旧、延续文脉"的原则,精心呵护和着实擦亮"中国历史文化名城——镇远"这块金字招牌,镇远县以规划为引领,坚持保护与开发并重,提升城市综合承载能力,努力打造千年山水古城。

　　以规划为引领,科学管理保护古城。按照"高起点规划、高标准建设、高质量修缮、高水平管理、高效率落实"的原则,坚持"规划先行、保护第一,合理利用、突出文化"的思路,以文物保护为重点,以历史街区为依托,点面结合,整体推进古城保护与开发。在古城规划区内的所有基础设施建设,都需经过县城市规划管理委员会、历史文化名城研究会讨论评审后才能报建批准实施。所有建设工程项目,都必须逐项登记,全过程跟踪监督管理。

　　坚持保护与开发并重,展示千年古城风韵。为促进古城保护与文化旅游资源开发、人居旅游环境改善、打造高端旅游城市的有机统一,近年来,该县实施了文物保护修缮、古城风貌整治、历史文化挖掘、城市功能提升等方面的建设。先后对青龙洞古建筑群、"和平村"旧址、天后宫等重点文物保护单位进行修缮。坚持"尊重历史、保持完整、延续文脉、修旧如旧"的原则,按照核心保护区、建设控制区、风貌协调区的分类,渐次实施了沿河沿街房屋风貌整治、古码头恢复、河滨步道修建等工程,使原生的古城风貌和历史文化特征得以再现和传承。以政府投入与居民投资相结合,对具有代表性的古院落、古民居和古巷道进行了集宾馆客栈住宿、民俗文化展示、休闲娱乐感悟于一体的保护性开发。在全力保护现有国家级旅游品牌的同时,深度挖掘我县的历史、人文、民俗、自然、古建等特色素材,共整理非物质文化遗产 338 项,其中有 23 个项目列入州级以上非遗名录。

　　提升城市综合承载能力,加快产城景一体联动发展。围绕"保护古城、建设新城、拓展空间、提升品质"的目标,该县按照"一城两区"的城市发展空间布局,举全县之力做好古城的"加减法",实施了一大批城市基础设施和配套设施项目,切实增强了城市功能,为建设优秀旅游城市打下坚实基础。大力实施"腾笼换鸟"工程,在县城西南 3 公里处规划建设镇远新城区,逐步将古城区的行政办公、教育医疗等功能迁出,疏解古城承载压力。以镇远古城申报创建 AAAAA 景区、国家全域旅游示范区和世界文化遗产地为目标,扎实抓好"吃住行游购娱"旅游要素保障能力建设,不断提升镇远旅游的服务水平和对外形象。

(改编自镇远网 2016 年 10 月 17 日信息)

【课外拓展】

备选 1.学生思考题:一些地方的民居改造和建设,丢掉了"土"气,换来了"洋"气,你如何看待这种现象?

备选 2.学生活动:了解所在区域保护特色景观和传统文化方面的地方性法规有哪些。

示例19 自然灾害的救援与救助

【渗透契机】

人教版·地理选修5·第三章·第二节 自然灾害的救援与救助。

结合教材第77页"我国多年来坚持'以预防为主……'"渗透。

【渗透内容】

★依法治"灾",才能规范灾害防、抗、救工作,增强灾害防、抗、救能力,提高灾害防、抗、救效率,有效应对灾害,最大程度减少灾害损失。

★★我国已经颁布实施的防灾减灾类法律法规达30余部,为灾害防、抗、救提供了有力的法律保障。

【教学建议】

通过教材前面内容的学习,学生已经储备一定的防灾、减灾知识,也会就如何应对自然灾害有一定的思考。建议教师在教学时,提出"为什么情况类似的自然灾害,在不同的国家或地区造成的损害可能完全不一样"等问题,让学生从管理的角度去思考原因,然后教师总结指出:(1)完善立法、严格执法、科学管理,才能规范灾害防、抗、救工作,增强灾害防、抗、救能力,提高灾害防、抗、救效率,有效应对灾害,最大程度减少灾害损失。(2)我国已经颁布实施的防灾减灾类法律法规达30余部,为灾害防、抗、救提供了有力的法律保障。

时间允许,教师可以列举学校必须开展防灾教育、组织应急演练等法律规定说明,也可以介绍或多媒体展示有关法律法规名称,但建议不要过多介绍具体条款。

【备教资料】

★《中华人民共和国防震减灾法》

★《中华人民共和国突发事件应对法》

第一条 为了预防和减少突发事件的发生,控制、减轻和消除突发事件引起的严重社会危害,规范突发事件应对活动,保护人民生命财产安全,维护国家安全、公共安全、环境安全和社会秩序,制定本法。

第二条 突发事件的预防与应急准备、监测与预警、应急处置与救援、事后恢复与重建等应对活动,适用本法。

第三条 本法所称突发事件,是指突然发生,造成或者可能造成严重社会危害,需要采取应急处置措施予以应对的自然灾害、事故灾难、公共卫生事件和社会安全事件。

按照社会危害程度、影响范围等因素,自然灾害、事故灾难、公共卫生事件分为特别重大、重大、较大和一般四级。法律、行政法规或者国务院另有规定的,从其规定。

突发事件的分级标准由国务院或者国务院确定的部门制定。

第四条 国家建立统一领导、综合协调、分类管理、分级负责、属地管理为主的应急管理体制。

第五条 突发事件应对工作实行预防为主、预防与应急相结合的原则。国家建立重大突发事件风险评估体系,对可能发生的突发事件进行综合性评估,减少重大突发事件的发生,最大限度地减轻重大突发事件的影响。

第六条 国家建立有效的社会动员机制,增强全民的公共安全和防范风险的意识,提高全社会的避险救助能力。

★《中华人民共和国水法》

★《中华人民共和国防洪法》

★《中华人民共和国气象法》

★《中华人民共和国森林法》

★《中华人民共和国消防法》

★《自然灾害救助条例》

★《中华人民共和国防汛条例》

★《森林防火条例》

★《草原防火条例》

★《地质灾害防治条例》

【参考事例】

拉萨中央级救灾物资储备库开建　为方便救灾物资的运输,进一步加强西藏及周边地区自然灾害发生后应急救灾物资及时调配能力,近日,拉萨中央级救灾物资储备库在堆龙德庆县开工建设。储备库建设计划三年竣工,建成后将提升西藏应对自然灾害的能力,并有效服务周边省份。

（《光明日报》拉萨 2015 年 5 月 29 日电）

【课外拓展】

备选 1.学生思考题:你所在地区主要容易发生哪些自然灾害,除了政府措施之外,你和家人还有哪些应对措施?

备选 2.学生活动:了解歌曲《为了谁》的创作背景,欣赏歌曲,感受歌曲表达的真挚感情。

示例 20　不同地图的特点和用途

【渗透契机】

人教版·地理选修 7·第二章·第二节　不同地图的特点和用途。

【渗透内容】

★地图可能涉及国家主权、安全、利益和荣誉,是政治敏感性材料。

★★地图的绘制、出版、传播、刊载等,必须按照国家有关法律法规进行。

★★★公民应当具有国家版图意识,使用正确的地图,自觉维护国家主权、安全、利益和荣誉。

【教学建议】

地图可以说是地理学科使用最多的图形文件,人们的日常生活也越来越离不开地图,《地图管理条例》明确规定要对中小学生进行国家版图意识教育。一段时间以来,社会上(网络上)"问题地图"屡见不鲜。建议教师在本节教学小结时,有意提及"问题地图"等社会现象,顺势说明:(1)地图可能涉及国家主权、安全、利益和荣誉,是政治敏感性材料。(2)地图的绘制、出版、传播、刊载等,必须按照国家有关法律法规进行。(3)公民应当具有国家版图意识,使用正确的地图,自觉维护国家主权、安全、利益和荣誉。

提示:(1)正规出版社出版和正规网站发布、经过审批并且有审图号的地图,是正规地图,可以放心使用。(2)中小学教学地图(插图),出版前已经过审批。

【备教资料】

★《地图管理条例》

第一条　为了加强地图管理,维护国家主权、安全和利益,促进地理信息产业健康发展,为经济建设、社会发展和人民生活服务,根据《中华人民共和国测绘法》,制定本条例。

第二条 在中华人民共和国境内从事向社会公开的地图的编制、审核、出版和互联网地图服务以及监督检查活动,应当遵守本条例。

第三条 地图工作应当遵循维护国家主权、保障地理信息安全、方便群众生活的原则。

地图的编制、审核、出版和互联网地图服务应当遵守有关保密法律、法规的规定。

第五条 各级人民政府及其有关部门、新闻媒体应当加强国家版图宣传教育,增强公民的国家版图意识。

国家版图意识教育应当纳入中小学教学内容。

公民、法人和其他组织应当使用正确表示国家版图的地图。

第八条 编制地图,应当执行国家有关地图编制标准,遵守国家有关地图内容表示的规定。

地图上不得表示下列内容:

(一)危害国家统一、主权和领土完整的;

(二)危害国家安全、损害国家荣誉和利益的;

(三)属于国家秘密的;

(四)影响民族团结、侵害民族风俗习惯的;

(五)法律、法规规定不得表示的其他内容。

第九条 编制地图,应当选用最新的地图资料并及时补充或者更新,正确反映各要素的地理位置、形态、名称及相互关系,且内容符合地图使用目的。

编制涉及中华人民共和国国界的世界地图、全国地图,应当完整表示中华人民共和国疆域。

第十条 在地图上绘制中华人民共和国国界、中国历史疆界、世界各国间边界、世界各国间历史疆界,应当遵守下列规定:

(一)中华人民共和国国界,按照中国国界线画法标准样图绘制;

(二)中国历史疆界,依据有关历史资料,按照实际历史疆界绘制;

(三)世界各国间边界,按照世界各国国界线画法参考样图绘制;

(四)世界各国间历史疆界,依据有关历史资料,按照实际历史疆界绘制。

中国国界线画法标准样图、世界各国国界线画法参考样图,由外交部和国务院测绘地理信息行政主管部门拟订,报国务院批准后公布。

第十五条 国家实行地图审核制度。

向社会公开的地图,应当报送有审核权的测绘地理信息行政主管部门审核。但是,景区图、街区图、地铁线路图等内容简单的地图除外。

地图审核不得收取费用。

第十六条第一款 出版地图的,由出版单位送审;展示或者登载不属于出版物的地图的,由展示者或者登载者送审;进口不属于出版物的地图或者附着地图图形的产品的,由进口者送审;进口属于出版物的地图,依照《出版管理条例》的有关规定执行;出口不属于出版物的地图或者附着地图图形的产品的,由出口者送审;生产附着地图图形的产品的,由生产者送审。

第二十一条 送审地图符合下列规定的,由有审核权的测绘地理信息行政主管部门核发地图审核批准文件,并注明审图号:

(一)符合国家有关地图编制标准,完整表示中华人民共和国疆域;

(二)国界、边界、历史疆界、行政区域界线或者范围、重要地理信息数据、地名等符合国家有关地图内容表示的规定;

(三)不含有地图上不得表示的内容。

地图审核批准文件和审图号应当在有审核权的测绘地理信息行政主管部门网站或者其他新闻媒体上及时公告。

第二十二条 经审核批准的地图,应当在地图或者附着地图图形的产品的适当位置显著标注审图号。其中,属于出版物的,应当在版权页标注审图号。

第二十三条 全国性中小学教学地图,由国务院教育行政部门会同国务院测绘地理信息行政主管部门、外交部组织审定;地方性中小学教学地图,由省、自治区、直辖市人民政府教育行政部门会同省、自治区、直辖市人民政府测绘地理信息行政主管部门组织审定。

第二十四条 任何单位和个人不得出版、展示、登载、销售、进口、出口不符合国家有关标准和规定的地图,不得携带、寄递不符合国家有关标准和规定的地图进出境。

进口、出口地图的,应当向海关提交地图审核批准文件和审图号。

第二十七条 出版单位从事地图出版活动的,应当具有国务院出版行政主管部门审核批准的地图出版业务范围,并依照《出版管理条例》的有关规定办理审批手续。

第二十八条 出版单位根据需要,可以在出版物中插附经审核批准的地图。

第二十九条 任何出版单位不得出版未经审定的中小学教学地图。

第三十二条 国家鼓励和支持互联网地图服务单位开展地理信息开发利用和增值服务。

县级以上人民政府应当加强对互联网地图服务行业的政策扶持和监督管理。

第三十五条 互联网地图服务单位收集、使用用户个人信息的,应当明示收集、使用信息的目的、方式和范围,并经用户同意。

互联网地图服务单位需要收集、使用用户个人信息的,应当公开收集、使用规则,不得泄露、篡改、出售或者非法向他人提供用户的个人信息。

互联网地图服务单位应当采取技术措施和其他必要措施,防止用户的个人信息泄露、丢失。

第三十六条 互联网地图服务单位用于提供服务的地图数据库及其他数据库不得存储、记录含有按照国家有关规定在地图上不得表示的内容。互联网地图服务单位发现其网站传输的地图信息含有不得表示的内容的,应当立即停止传输,保存有关记录,并向县级以上人民政府测绘地理信息行政主管部门、出版行政主管部门、网络安全和信息化主管部门等有关部门报告。

第三十七条 任何单位和个人不得通过互联网上传标注含有按照国家有关规定在地图上不得表示的内容。

第四十六条 任何单位和个人对地图违法行为有权进行举报。

接到举报的人民政府或者有关部门应当及时依法调查处理,并为举报人保密。

【参考事例】

上海市某中学擅自生产加工登载未送审地图 2010年2月和4月间,上海市某中学未经上海市测绘行政主管部门审核,擅自绘制《绿色世博出行指南手绘地图》,印制1万余份向学生和社会公众发放,并在学校网站上公开发布,供公众下载。

鉴于该中学违反了在地图出版、展示、登载、引进、生产、加工前应当依法经测绘行政主管部门审核的有关规定,上海市测绘管理办公室按照处罚与教育相结合的原则,责令该中学停止加工、登载《绿色世博出行指南手绘地图》,给予批评教育,《人民日报》、中央电视台等主流媒体对事件经过进行了报道。

(选编于国家测绘地理信息局法规与行业管理司相关信息)

【课外拓展】

备选 1.学生思考题:地图出现政治性错误,可能造成什么影响;地图出现科学性错误,又可能造成什么影响?

备选 2.学生活动:找一张地图,查看它的出版单位和审图号。

(本编撰稿人:张映波)

后 记

　　《中小学多学科协同实施法治教育教学指导用书》首批共编写、出版《理念与方法》《小学语文》《初中语文 历史 地理》《高中语文 历史 地理》四册,其中,《理念与方法》面向普通中小学全体学科编写。本丛书是根据《中共中央关于全面推进依法治国若干重大问题的决定》及《青少年法治教育大纲》的精神,在贵州省中小学学科教学渗透法治教育研究成果、实施经验,以及教育部中小学骨干学科渗透法治教育研究成果的基础上编写而成,主要供中小学教师、教育管理者、教育研究人员使用。

　　教育部政策法规司孙霄兵司长、黄兴胜副司长、王大泉副主任、翟刚学副处长和北京大学、中国政法大学的部分专家对课题研究给予了指导;贵州省部分高校法学院教师、部分中小学校教师参与了课题研究的前期工作。

　　史开来同志为本丛书总策划。史开来、张映波、朱理章、孙得鹏、吴政富、赵敏、欧阳宇星、吴淑杰、赵春雷、丁坷折、马小宇、杨玲等同志承担了编写工作,具体编写篇目见内文署名。另外,《理念与方法》一书还选用了部分中小学学科教学渗透法治教育的经验文章和教学设计,作者和文章来源均在文后作了说明。

　　作为教学用书,本丛书利用了人教版、人音版、清华版、粤教版等教材的部分内容,选用了众多网站、报刊的新闻资料并根据教学需要进行了改编。课题组特此说明,并向涉及的出版社、网站、报刊、记者、作者等致谢!

　　由于时间仓促,水平有限,再加上课题较新,没有可供借鉴的现成经验,疏漏、偏颇之处在所难免。课题组热忱欢迎广大读者提出意见、建议。

　　电子邮箱:zyb1881@163.com

中小学学科教学渗透法治教育课题组

2017 年 1 月